JINSEI TO SHIGOTO NI TSUITE SHITTEOITE HOSHII KOTO
By Konosuke MATSUSHITA
Copyright © 2010 by PHP Institute, Inc.
All rights reserved.
First original Japanese edition published by PHP Institute, Inc., Japan.
Korean translation rights arranged with PHP Institute, Inc.
through BC Agency.

일과 성공의
길을 묻다

일과 성공의 길을 묻다

펴낸날 2025년 6월 30일 1판 1쇄

지은이 마쓰시타 고노스케
편저 PHP 종합 연구소
표지 사진 Panasonic Holdings Corporation
옮긴이 김정환
펴낸이 金永先
책임교정 박혜나, 정승혜
디자인 바이텍스트

펴낸곳 지니의서재
출판등록 1978년 5월 15일(제13-19호)
주소 경기도 고양시 덕양구 청초로 10 GL메트로시티한강 A동 A1-1924호
전화 (02)719-1424
팩스 (02)719-1404
이메일 geniesbook@naver.com

ISBN 979-11-94620-09-9 (04320)
          979-11-94620-04-4 (세트)

일과 성공의 길을 묻다

마쓰시타 고노스케 지음 · 김정환 옮김

경영의 신
마쓰시타 고노스케에게

지니의서재

일과 인생에서
알아 두어야 할 것들

"비즈니스맨에게 가장 중요한 책무는 무엇입니까?"

한 외국 경영자가 마쓰시타 고노스케에게 이렇게 물은 적이 있다. 물론 그전에도 기회가 있을 때마다 인생과 일에서 무엇이 소중하고 중요한지를 이야기해 왔지만, 마쓰시타는 그 자리에서 이렇게 대답했다.

"간단히 말하자면 모두에게 사랑받는 것입니다."

모두에게 사랑받는 사람이 될 것. 조금 거창한 표현인지는 모르지만, 이것은 마쓰시타 고노스케의 진심에서 우러나온 말이었을 것이다. 항상 발전하고자 하는 마음가짐으로 각박한 현실 속에서 매일 같이 힘든 업무와 씨름하는 여러분에게는 이 말이 가슴 깊이 와닿으리라.

사람은 누구나 갈고닦으면 찬란한 빛을 내는 다이아몬드의 원석과 같아서 저마다 자신만의 재능을 지니고 있다. 그 각자의 재능이 꽃을 피우는 사회야말로 진정으로 아름다운 세상이라고 마쓰시타 고노스케는 생각했다. 그렇지만 사람에게는 역시 욕망에 이끌리는 약한 면도 있고 한 명이 해낼 수 있는 일은 그리 대단치 않다고도 생각했다. 그래서 사람은 어떤 일을 이루려 할 때 팀이나 조직, 회사를 만들고 그 조직을 이루는 구성원의 의견을 모으고 지혜를 짜냄으로써 새로운 일을 창조하며 발전해 나가는 것이리라.

　그러나 조직 내부뿐만 아니라 거래처나 재료 공급처 같은 조직 외부의 사람들과도 확고한 신뢰 관계를 쌓지 않으면 바람직한 결과를 그리 쉽게 얻지 못하는 법이다. 일이 어려움에 빠질수록 자기 혼자의 지혜와 용기만으로는 헤쳐 나갈 수 없으며 많은 사람의 힘이 필요해진다. 이 사실을 매일 같이 몸소 실감하는 사람도 많을 것이다. 또 어떤 사람은 우수한 상품을 기획, 개발했으면서도 그런 신뢰 관계를 쌓지 못한 탓에 사업이 원활하게 전개되지 못한 경험도 있을 것이다. 그런 사람들에게 이 '사랑받는다'라는 조건은 뼛속 깊이 절절하게 와닿는 말이 아닐까? 마쓰시타 고노스케는 이어서 이렇게 말했다.

"비즈니스맨은 모두에게 사랑받아야 합니다. 저 사람이 하는 일이 잘되면 좋겠어. 그러니 물건을 사 줘야지. 이렇게 되어야 하는 것입니다. 그렇게 되려면 봉사 정신이 가장 중요합니다. 봉사 정신이 없으면 꼭 그곳에서 물건을 사 줘야겠다는 생각이 들지 않습니다. 그렇기 때문에 비즈니스맨의 가장 중요한 책무는 '사랑받는 것'이라고 말한 겁니다. 사람들에게 사랑받을 수 있도록 일하는 것, 그것이야말로 진정한 비즈니스의 본질입니다. 그 마음가짐 없이 일하는 사람은 결국 실패할 수밖에 없습니다."

현대 일본의 비즈니스 환경은 마쓰시타 고노스케가 이 발언을 한 1983년과는 크게 다르다. 특히 경제 산업적인 면에서 눈부시게 발전했다. 물론 일본뿐만 아니라 전 세계가 비약적인 발전을 이루었다. 그러나 정작 핵심인 인간관계의 측면에서는 비약적으로 향상되었다고 단언할 수 있는 사람이 얼마나 될까? 아마 거의 없을 것이다. 직장에서 받는 과도한 스트레스가 누적되어 우울증 등 마음의 병이 만연하는 요즘의 상황이 그 단적인 예가 아닐까? 현재의 일본 경제를 살펴봐도, 2008년 말부터 일본 기업 전체를 뒤덮은 경영 부진은 직장 내 '업무 방식'에 커다란 변화를 요구하는 듯하다. '마음'을 유지하는 일의 중요성이 점점 부각될 것이다. 그런 상황이기 때문에 마쓰시타 고노스케의 이와 같은 인재관은 틀림없이 도움이 될 것이며, 실제로 세상은 이러한 인재관을 요구하고 있다고 믿는다.

'무엇보다 우선 사람이 중요하다.'라는 철학을 가졌던 마쓰시타 개인에게나 또 세상 사람들과 거래처, 부하 직원들의 도움과 사랑을 받으며 사업을 발전시켰던 경영자 마쓰시타 고노스케라는 존재에게도 이 인재관은 마음 깊은 곳에서 우러나온 것이며 인생관과 사업관의 근간에 자리하고 있다. '호감 받는 사람'도, '인기 있는 사람'도, '유능한 사람'도, '머리가 좋은 사람'도 아닌 '사랑받는 사람'이고 싶다. 이것이 마쓰시타의 본심이었다.

이 인재관과 관련해 이런 일화도 있다. 우리 PHP 그룹은 싱크

탱크, 출판 사업과 함께 마쓰시타 고노스케가 살아 있을 때부터
'PHP 세미나'를 통해 산업 교육에도 힘써 왔다. 그곳에서 오랫동
안 교육 프로그램의 개발과 연수 강사를 맡았던 이와이 겐岩井虔(현
재 PHP 종합 연구소 참여)이 기업 책임자급의 연수 프로그램을 개발
하고 최종 승인을 얻기 위해 마쓰시타를 만나러 갔을 때였다. 이
와이는 '사람을 키우고 활용하는 마음가짐에 대해'라는 강좌에서
인재 육성의 요체를 다음의 10개 항목으로 압축했다.

①뜻을 세운다 ②좋아한다 ③자신을 안다 ④여러 지혜를 모은
다 ⑤호소한다 ⑥맡긴다 ⑦바라는 바를 추구한다 ⑧꾸짖고 칭찬
한다 ⑨책임을 자각한다 ⑩부하 직원에게 배운다.

그런데 이 보고를 받은 마쓰시타는 고개를 끄덕이면서도 이렇
게 말했다.

"그런데 말이야, 중요한 게 하나 빠졌군. 자네 그게 무엇인지
알겠나? 바로 '애교'야. 애교가 추가되어야지."

그리고 마쓰시타는 "(수강자들에게, 상사로서) '인간적 매력이 있습
니까?'라고도 묻도록."이라고 덧붙였다고 한다. 수강자들이 인간

적 매력을 갖추기를 기대한 것이다.

　이 '애교'라는 말은 최근에는 여성의 귀여움을 표현하거나 장
사꾼이 싱글거리며 붙임성 있게 손님을 대하는 모습을 가리킬 때
주로 사용했는데 원래는 '애경愛敬'이라고 썼던 것이다(일본어로는
발음이 같다). 이것은 '애경상愛敬相', 즉 부처님 같은 온화하고 자애
심 깊은 표정으로 누구나 자연스럽게 경애할 수밖에 없는 용모에
서 유래했다고 한다. 이 '애경'이라는 글자의 역사를 살펴보면 에
도 시대에도 그 말을 매우 소중히 여겼던 인물이 있었다.

　《우치무라 간조의 인물 일본사》라는 역사적인 명저가 있다. 그
저자인 우치무라 간조內村鑑三(1861~1930)가 이 책에서 우에스기
요잔上杉鷹山(1751~1822), 사이고 다카모리西郷隆盛(1828~1877)와 함
께 다루었던 위인이 있다. 바로 나카에 도쥬中江藤樹(1608~1648)다.
그의 사상은 제2차 세계 대전 전 일본의 수많은 사상가와 교육자
들에게 영향을 끼쳤으며, 일본의 전통을 형성하는 데 기여했다고
알려져 있다. 그의 사람됨을 보여 주는 일화는 그 책에 양보하기
로 하자.

어쨌든 그는 타인을 사랑하고 존중하는 마음을 무엇보다 소중히 여겼고, 훗날에는 '오미 성인近江聖人'이라는 칭호로 불리기까지 했다. 고향에 세운 학당에서는 내면을 닦는 수양뿐 아니라, 일상에서 지녀야 할 바른 태도로 눈빛과 시선, 말투, 경청의 자세 등 겉으로 드러나는 몸가짐을 단정히 하는 것의 중요성까지도 강조하며 가르쳤다. 그 결과 주위의 많은 사람과 가까워지고 사랑받게 되었으며 나아가서는 후세 사람들에게도 존경받는 인물이 되었다.

남을 사랑하고 존경할 수 있는 사람, 그런 마음이 자연스레 내면에서 우러나오는 사람. 만약 이런 사람이 실제로 눈앞에 있다면 어떨지 상상해 보기 바란다. 그 사람은 분명히 '사랑받는 사람'일 것이다. 그의 생애는 분명히 행복할 것이다. 또 그 '모습'은 마쓰시타가 비즈니스맨에게 바라던 것과도 상통한다는 생각이 든다.

마쓰시타 고노스케는 귀동냥으로 공부한 사람이었기 때문에 나카에 도쥬와 같은 선현들의 책을 실제로 읽은 흔적은 보이지 않는다. 다만, 이러한 생각은 마쓰시타와 같은 시대에 태어나 자란 일본인이라면 아주 당연한 사고방식이었을 것이다. 그렇기 때문에 마쓰시타도 자신의 실생활에서 이 '애경'이라는 오래된 말에 숨겨진 개념을 자연스럽게 터득하고 소중하게 여겼던 것인지도 모른다.

참고로 마쓰시타는 이러한 선현들의 가르침이나 명언 등을 들어도 감탄하며 존경은 하지만 무조건 받아들이지는 않았다. 가령 공자의 《논어》에서 중시하는 '인仁, 의義, 예禮, 지智, 신信'이라는, 이른바 사람의 다섯 가지 덕에 대해서도 그 필요성은 충분히 인정하면서도 "그 덕을 배양하는 기초가 되는 것은 '솔직한 마음'이지."와 같이 자신만의 생각을 덧붙였다. 즉, '지식'을 '지혜'로 만드는 것을 항상 의식하고 실천했다. 그런 의미에서도 이 '사랑받는 사람이 된다'라는 것, '애교愛嬌, 그리고 인간적 매력이 있는 사람이 된다.'라는 것은 일이 곧 인생이었던 마쓰시타 고노스케의 '실천적 지혜'였다고 할 수 있으리라.

마쓰시타는 초등학교도 제대로 나오지 못했으며, 학문과 지식이 없음을 스스로 자주 이야기했다. 그러나 파나소닉의 기반이 된 초기의 상품은 모두 마쓰시타 본인이 개발한 것이다. 그의 발명과 고안은 특허와 실용신안을 포함해 100건에 이르는데, 이것은 초기 파나소닉이 기술적인 측면에서 가장 의지했던 고故 나카오 데쓰지로中尾哲二郎(훗날 부사장을 거쳐 기술 최고 고문)에게도 뒤지지 않는 숫자다. 사람들은 흔히 마쓰시타 고노스케를 경영자로서 높이 평가하지만 사실 그는 '유능한 기술자'이자 '유능한 비즈니스맨'이기도 했다. 그럼에도 일을 할 때의 책무로서 중요시하고 주위 사람들에게도 요구했던 것이 바로 '사랑받는, 인간적 매력이 있는 사람이 된다.'였던 것이다.

그렇다면, 어떻게 해야 '사랑받는, 인간적 매력이 있는 사람'이 될 수 있을까? 독자 여러분에게 이에 대해 생각해 볼 '장소'를 제공하고자 하는 것이 이 책의 목적이다. 아울러 업무보다도 인간관계 때문에 생기는 고민의 비중이 더 높아지는 시대인 만큼 마쓰시타 고노스케가 자신의 인생과 일을 통해 쌓은 시각과 사고방식을 좀 더 많은 사람에게 소개하고 싶었다. 다만, 이를 위해서는 아무래도 사람을 어떻게 볼 것이냐는 시각, 즉 마쓰시타 고노스케의 인간관부터 시작해야 한다. 그러나 마쓰시타 고노스케의 인간관에 대한 광범위한 사색의 성과를 이 책에서 모두 소개하기는 물론 불가능하다(관심이 있는 사람은 《인간을 생각한다》를 꼭 읽어 보기 바란다). 따라서 이 책에서는 마쓰시타가 남긴 방대한 강연, 담화록 중에서 특히 인생 또는 일과 직결된다고 생각되는 인간관, 나아가 그 인간관과 연결되는 인생관, 업무관을 엄선해 소개했다. 그리고 이에 앞서 그러한 마쓰시타의 인간관이 담긴 상징적인 에세이를 소개하려 한다. 아마 이 글을 어딘가에서 읽어 본 사람도 있을 것이다.

사람에게는 저마다 자신에게 주어진 길이 있다. 그 길은 하늘이 내려 준 고귀한 길이다. 어떤 길인지는 알 수 없지만, 다른 사람은 걸을 수 없고 오직 자신만이 걸을 수 있는, 그것도 단 한 번만 걸을 수 있는 길이다. 그 길은 넓을 때도 있고 좁을 때도 있다. 오르막길도 있으며 내리막길도 있다. 평탄할 때가 있는가 하면 땀이 날 정도로 험할 때도 있다. 이 길이 과연 좋은 길인지 나쁜 길인지 고민스러울 때도 있을 것이다. 누군가 위로해 주기를 바랄 때도 있을 것이다. 그러나 어차피 갈 수 있는 길은 이 길뿐이 아닌가?

포기하지 말라는 것이다. 그러니 지금 서 있는 이 길, 지금 걷는 이 길, 어쨌든 이 길을 쉬지 않고 걸어가도록 하자. 자신만이 걸을 수 있는 소중한 길이 아닌가? 자신에게만 주어진 둘도 없는 길이 아닌가?

다른 사람의 길에 혹해 고민하며 우두커니 서 있어 봐도 길은 조금도 열리지 않는다. 길을 열기 위해서는 일단 걸어가야 한다. 마음을 정하고 열심히 걸어야 한다. 그것이 설령 먼 길처럼 보여도 쉬지 않고 걷는다면 새로운 길이 열린다. 깊은 즐거움도 생겨난다.

이것은 마쓰시타의 수많은 저서 중에서도 최고의 베스트셀러로 많은 사람에게 친숙한 《마쓰시타 고노스케, 길을 열다》의 제일 첫 부분에 실려 있는 에세이다. 마쓰시타 고노스케가 제일 먼저 하고 싶었던 말이다. 이 안에는 마쓰시타의 인간관이 가득 담겨 있다. 자신의 운명을 안다, 그리고 그 운명을 활용해 입명立命한다. 그 중요성을 자기 나름의 표현으로 호소한 것이다.

이 운명관을 중심으로 제1부에서 마쓰시타의 주요 '인간관'을 소개했으니, 먼저 이것을 이해한 다음 제2부와 제3부에서 인생과 일의 의미를 각자의 처지에 따라 생각해 보기 바란다. 또한 이 책에 담긴 내용은 대부분 마쓰시타 고노스케가 젊은 세대의 사람들에게 직접 한 이야기다. 경영자와 경영 간부를 대상으로 한 《경영의 길을 묻다》와 초급·중급 리더를 대상으로 한 《리더의 길을 묻다》가 독자 여러분의 호평을 받은 덕분에 이번에는 리더는 물론 젊은 세대도 참고할 수 있도록 내용을 구성하고 핵심을 정리하는 데 중점을 두었다.

이 책이 여러분의 일상에 작은 도움이라도 된다면 그보다 기쁜 일은 없을 것이다.

PHP 종합 연구소 경영이념연구본부
이사본부장 사토 데이지로佐藤悌二郎

차례

2장 인생에서 성공하기 위해 알아야 할 것들

3장 일에서 성공하기 위해 대답해야 할 것들

1장

인간으로서
성장하기 위해
알아야 할 것들

인간은 단지 인간으로 태어났다는 이유만으로

진정한 인간이 되는 것은 아니다.

한 사람의 인간으로 몫을 다하려면 인간으로 성장해야 한다.

'인간'이 되는 것은 쉬운 일이 아니다.

늘 정진하고 고민해야 한다.

진인사대천명

사람의 운명이란 참으로 알 수 없는 것입니다.
그러기에 어떤 상황에서도 쉽게 비관해서는 안 됩니다.
뜻을 잃지 말고, 자신이 할 수 있는 최선을 다한 뒤
하늘의 뜻을 묵묵히 기다려야 합니다.
겸허한 마음으로 하늘의 뜻에 따라 살아간다면,
언젠가 자신의 운명도 활짝 열리지 않을까요?

사람의 운명이라는 것은 참으로 알 수 없는 법입니다. 제 경우를 생각해 봐도 그렇습니다. 만약 일본이 전쟁에서 패하지 않았다면 저는 죽어도 일본에서 최고를 다투는 위치에 올라가지 못했을 테니까요. 전쟁이 나지 않았어도 오사카에서 꽤 잘나가는 경영자는 되었을지 모릅니다. 하지만 일본 전체에서 1, 2위를 다투는 수준은 되지 못했을 것입니다.

미쓰이三井나 미쓰비시三菱같이 유서 깊은 재벌 가문에는 죽었다 깨어나도 이길 수가 없기 때문입니다. 그런데 일본이 전쟁에서 패했기 때문에, 저 역시 한때는 좋지 않은 상황으로 추락하기도 했습니다. 그러나 그것이 전화위복이 되어 일본 전체에서 1, 2위를 다투는 기업의 경영자가 될 수 있었습니다. 이런 것을 보면 정말 사람의 운명은 알 수가 없다는 생각이 듭니다.

그래서 전 어떤 상황에서도 절대로 비관해서는 안 된다고 믿습니다. 비관하면 지혜가 나오지 않고, 자신이 무엇을 해야 할지도 알 수 없게 되기 때문입니다. 반면에 '지금 이 상황은 왜 이렇게 된 걸까? 그 원인은 어디에 있을까? 누가 어떤 행동을 해서 이런 결과가 나타난 걸까?' 하고 차분히 되짚어 보면, 뜻을 잃지 않게 됩니다. 결코 뜻을 잃어서는 안 됩니다. 어려움에 부딪혔을 때는 오히려 뜻을 더욱 높이 세우거나, 그게 어렵다면 최소한 그 뜻만큼은 굳건히 간직해야 합니다. 그러면 살아날 길은 반드시 열리기 마련입니다. 전 그때의 체험을 통해 이 사실을 배웠습니다.

만약 제가 그때 뜻을 잃었다면 아마 그대로 주저앉았을 겁니다. 따라서 그와 같은 항의※1를 했던 것도 잘한 일이었다고 생각합니다. 이건 올바르지 않다, 진주군의 잘못이다, 죄 없는 사람에게 죄를 묻는 것은 진주군의 잘못이니까 그것을 바로잡자고 항의한 건 정말 잘한 행동이었다고 자부합니다.

다만, 공직 추방령※2이 내려졌을 때는 저도 어쩔 수 없다고 생각했습니다. 저뿐만이 아니라 수만 명이나 되는 사람에게 추방령이 내려졌으니 여기에는 항의할 수가 없었습니다. 이제 회사도 문을 닫아야 하는구나 하고 각오했습니다. 그런데 상상하지도 못했던 구원의 손길이 나타나 추방에서 해제되었습니다. 당시 갑종 추방령이 해제된 사람은 저 혼자뿐이었습니다.

그때 1만 5,000명이나 되는 직원들이 저의 추방을 해제해 달라고 탄원해 줬습니다. 당시 GHQ^{General Headquarters}(연합군 최고 사령관 총사령부)에서 조사를 나온 사람이 제게 이렇게 말했습니다.

"당신의 경영 정신은 참으로 훌륭하오. 개인적으로는 이런 사람을 추방해서는 안 된다고 생각하니 일단 말은 해 보겠소. 내 관할이 아니라 내 힘으로 어떻게 할 수는 없지만 그래도 이야기는 해 보겠소."

어느 쪽이 효과가 있었던 것인지는 모르겠습니다. 아마도 양쪽 모두 효과가 있었겠지만, 어쨌든 이건 제가 예상하지 못했던 일이었습니다. 쉽게 말해 운명이었던 것입니다. 앞선 항의는 잘못된 것을 고치려고 제 의지로 나선 것이었습니다. 하지만 이번 일은 도저히 어쩔 수 없다, 모두가 똑같이 법률에 걸렸는데 나 혼자만 빠져나가려고 해서는 안 된다며 각오하고 있었는데 결국 저혼자만 해제되었습니다. 이건 하늘의 뜻이라고나 할까, 운명이었다는 생각이 듭니다.

'진인사대천명盡人事待天命'이라는 옛말이 있는데, 그때의 제가 바로 그랬습니다. 제가 할 수 있는 모든 일을 하고, 한편으로는 하늘의 뜻을 기다렸습니다. 그리고 결국 하늘의 뜻이 있었기에 살아났습니다. 그때 생각했습니다.

"역시 옛말은 틀린 게 하나도 없구나."

그러니까 여러분도 자신이 할 수 있는 일을 전부 하시기 바랍니다. 옳다고 생각한 일은 반드시 해야 합니다. 그러나 단지 그것만으로 모든 일이 해결되느냐 하면 그렇지는 않습니다. 다른 한쪽에서는 그 이상으로 커다란 힘이 움직이고 있습니다. 운명이라고 해야 할지, 아니면 그 사람이 타고난 천명이라고 해야 할지 분명 그런 것이 존재합니다. 그리고 그 흐름에 순응하며 살아가는 것이 중요합니다. 하늘의 뜻은 절대 거스를 수 없습니다. 저는 하늘의 뜻을 따른다는 마음으로 추방을 각오했습니다. 그런데 제 힘이 아니라 다른 힘이 작용해 추방이 자연스럽게 풀렸습니다. 이것은 역시 천명을 순순히 따르겠다고 각오했기 때문에 열린 하나의 운명이었습니다.

그렇게 보면 지금까지 이 PHP 연구소※3에서 의식하지 못하는 사이에 해 온 일들이 전부 여기에 해당하는 것 같군요. 사람에게는 각자의 천명이 있습니다. 자신이 할 수 있는 일을 전부 하고 하늘의 뜻을 따르는 것. 이것이 바로 사람이 지켜야 할 중요한 생활 태도 중 하나라고 할 수 있지 않을까요.

※1 마쓰시타 가문은 1946년 6월에 재벌로 지정되어 재산의 매각과 증여, 양도, 이전이 금지되고 자산 내용과 재산에 관한 보고서를 제출할 것을 명령받았는데, 이에 마쓰시타 고노스케 본인이 직접 항의한 일을 가리킨다. 마쓰시타 전기는 제2차 세계 대전 중에 군의 요청에 따라 군수품을 생산했고 종전 후에는 약 60개의 자회사와 공장을 거느리고 있었기 때문에 재벌로 지정되었다. 그러나 마쓰시타 고노스케가 맨몸으로 시작해 세운 마쓰시타 전기는 몇 대에 걸쳐 일본 재계를 움직여 온 재벌과는 근본적으로 다르

며 본사와 자회사, 공장을 전부 합해도 다른 재벌의 일개 자회사 규모에도 미치지 못했다. 따라서 고노스케 자신은 마쓰시타 전기와 마쓰시타 가문이 결코 재벌이 아니라고 확신했다. 이에 50여 회에 걸쳐 직접 GHQ에 출두해 끈질기게 교섭한 결과, 약 4년 뒤에 결국 재벌 지정을 해제시키는 데 성공했다.

※2 공직 추방은 1946년 11월에 지정되었다. 그러나 이듬해인 1947년 1월에 무조건 추방인 G항-a에서 자격 심사 후에 추방하는 G항-b로 수정되었고, 5월에는 중역들 모두 지정에서 벗어났다.

※3 2차 세계 대전 후의 황폐해진 세상 속에서 마쓰시타 고노스케는 '인간은 본래 더 평화롭고 풍요로우며 행복하게 생활할 수 있을 것이다.'라는 믿음이 강해졌고, 그 생각을 많은 사람에게 알리고자 했다. 1946년 11월, '번영을 통해 평화와 행복을Peace and Happiness through Prosperity'이라는 슬로건과 함께 여러 지혜를 모아 연구하고 실천 운동을 전개하는 기관으로 PHP 연구소를 창설했다.

자신의 운명을 따르며
사는 것이
곧 행복으로 이어진다

아등바등하지 않고 느긋하게 자신의 운명을 따르며
앞으로 나아갑시다. 자신에게 주어진 운명을 살아가는 것입니다.
악한 마음이 없다면 타고난 운명대로 온전히 살 수 있습니다.
그 생애는 강하고 올바르며 행복할 것입니다.

만약 인류뿐만 아니라 이 세상의 모든 것을 만들어 낸 힘이 있다고 가정해 보지요. 그것은 절대적인 힘입니다. 그 힘이 위에서 내려다보고 있으므로 속임수 따위는 통하지 않습니다. 그 절대적인 힘은 신이 아니고서는 이해할 수 없습니다. 어쨌든, 우리가 오늘날 여기까지 온 것은 우리의 뜻이 아닙니다. 부모님의 뜻으로 태어났는가 하면, 완전히 부모의 뜻이라고도 할 수 없습니다. 좀 더 위대한 무엇인가가 그 위에 있다고 봅니다.

그렇다면 너무 아등바등하지 말고 느긋하게 자신의 운명을 따르며 나아가는 것이 중요합니다. 악한 마음이 없다면 그 사람이 타고난 운명대로 온전히 살 수 있습니다. 운명을 따르는 것 외에 다른 길은 없습니다. 또 그런 마음가짐으로 살면 대장부의 정신이 생겨날 것입니다. 그래서 저는 비행기나 기차를 탈 때도 무섭지 않고, 내일 죽는다 해도 두렵지 않습니다. 그것이 정해진 운명이라면 어쩔 수 없으니까요. 다만, 자신에게 주어진 자유로운 영역도 10퍼센트 정도 있습니다. 그 10퍼센트에 대해서는 노력을 하지만 그 외에는 그냥 운명에 맡겨도 되지 않을까 하는 느낌이 듭니다.

여러분은 현재 대학에서 공부하고 있으며 머지않아 졸업을 하게 될 것입니다. 아무리 오늘날 대학에 가기가 쉬워졌다고 해도 대학을 졸업해 취직한다는 것은 그 사람에게 주어진 일종의 운명입니다. 이것은 상당한 운명입니다. 그런 점에서 여러분은 매우 행운아입니다. 중요한 것은 그런 운명을 지녔다는 것 자체를 여러분이 얼마나 이해하고 또 인식하고 있느냐입니다.

대학에 입학해 졸업까지 마치는 일은 누구에게나 주어지는 기회가 아닙니다. 많은 사람 중 일부에게만 허락된 일이지요. 그만큼 이는 매우 값지고 훌륭한 운명이라 할 수 있습니다. 회사에 들어가서도 느긋한 마음으로 그 길을 끝까지 걸었다면 그 종착점이 사장이어도 좋고, 부사장이어도 좋고, 혹은 과장이어도 상관없습니다. 그런 것은 문제가 아닙니다.

사람의 행복은 자신의 운명대로 사는 것입니다. '내 운명이 평생 평사원으로 사는 것이라면 이것으로 충분하다.' 이런 생각으로 산다면 여러분의 생애는 매우 강하고, 또한 올바르고, 행복하리라 봅니다.

들판에 피는 꽃은
모두 다르다

이 세상에는 서로 완전히 같은 것이 하나도 없습니다.

각자의 특색과 개성, 그리고 사명이 어우러져

조화를 이루며 사회를 구성해 나갑니다.

사회의 진정한 아름다움은 바로 그 조화 속에서 피어납니다.

백 개의 나라가 있으면 백 가지 꽃이 핍니다. 그 꽃은 하나하나가 모두 다르지요. 각각의 꽃이 지닌 멋을 모두 느낄 수 있고 감상할 수 있습니다. 게다가 그 꽃이 엇갈려 피면서 마치 비단에 수를 놓은 듯한 멋진 풍경을 연출합니다. 저는 세상의 모습이 바로 이와 같지 않을까 생각합니다.

만약 백 개의 나라에서 하나의 꽃, 똑같은 꽃만 핀다면 백화요란百花燎亂이라는 말은 있을 수 없습니다. 전부가 똑같은 꽃이므로 멋이 느껴지지 않고 지극히 단조로워집니다. 이것은 아름다움이 아닙니다. 형형색색의 서로 다른 꽃들이 조화를 이루며 더욱 고차원적인 아름다움을 탄생시키는 것이 진정한 아름다움이 아닐까요.

여러분을 이렇게 보고 있으면 각자의 용모가 전부 다릅니다. 물론 얼굴 한가운데 코가 있고, 코 밑에는 입이 있고, 얼굴 양옆에 귀가 있는 등 각각의 위치에는 그다지 차이가 없습니다. 하지만 생김새는 한 사람 한 사람이 전부 다릅니다. 그런데 만약 모두의 생김새가 똑같다면 참으로 곤란할 것입니다. 누가 야마모토 군이고 누가 야마구치 군인지 알 수 없게 되어 버리잖아요? 그렇게 된다면 참으로 곤란하겠지요. 그러나 대부분 똑같은 위치에 얼굴의 각 기관이 자리하고 있으면서도 전 세계의 수십억 명 이상 되는 사람들의 생김새가 모두 다르기 때문에 이 세상이 성립되는 것입니다.

이 세상에 똑같은 것은 하나도 없습니다. 가령, 전구는 한 달에 200만 개 정도가 만들어집니다. 같은 기계로 만들며 공정도 대부분 차이가 없습니다. 게다가 오차가 없도록 주의하므로 거의 동일한 물건이 만들어집니다. 그런데 그 전구를 커다란 돋보기로 들여다보면 전부가 다르게 보입니다. 참으로 신기한 일이지요.

＊

저는 이 세상에 똑같은 것이 하나도 없도록 만들어져 있다고
믿습니다. 그리고 저마다 각각의 특색과 개성, 사명이 있습니다.
그런 것들이 서로 교차하며 사회를 형성하고 있습니다. 사회의
미美는 바로 여기에서 나타납니다.

04

욕망도
활용하기 나름

욕망은 인간이 살아가는 힘입니다.

그 욕망을 어떻게 충족시키고, 또 어떻게 경계할 것인가.

그 방법이 적절하고 균형을 이룬다면,

우리는 어떤 일이든 해낼 수 있지 않을까요?

'욕망은 살아가는 힘이다.' 저는 이렇게 생각합니다. 여러분이 오늘 어떤 일을 하셨고 어떤 처지에 있는지 저는 알지 못합니다. 어쨌든 그 일을 하고 그런 처지가 되었다는 것은 여러분의 욕망이 작용해 그 길로 이끌었기 때문이겠지요.

인간에게 욕망이 없다면 세상은 제대로 돌아가지 않을 것입니다. 정치도 마찬가지입니다. 개개인에게 각자의 욕망이 있기 때문에 정치를 하기 쉽습니다. 만약 돈도 필요 없고 명예도 필요 없고 아무것도 필요 없다는 성인군자 같은 사람들만 있다면 정치를 할 수 없을 테지요. 하지만 사람은 이른바 속물이라고 부르는 욕망을 저마다 지니고 있기 때문에 정치를 하기가 매우 쉽습니다. 각자가 지닌 욕망을 이루어 주면 국민은 좋아하며 기쁜 마음으로 활동합니다. 하지만 욕망에는 끝이 없기에 한없이 부풀어 오릅니다. 하나를 가지면 둘을 가지고 싶어지고, 셋을 가지면 넷을 가지고 싶어집니다. 그렇기에 욕망이 채워지지 않았다며 세상을 저주하고 사회를 저주하고 정치를 저주하게 되는 것입니다. 그러므로 정치를 할 때는 욕망을 적당히 채워 주면서도 욕망에 사로잡히는 것을 경계해야 합니다. 그와 같은 경계심이 없으면 모두 욕망에 빠져 폭주하게 되며, 그 결과 혼란에 빠지고 맙니다.

욕망은 살아가는 힘이므로 이것이 없으면 안 됩니다. 만약 이것이 없다면 세상은 매우 곤란해집니다. 하지만 다행히도 모두들 자신만의 욕망을 지니고 있습니다. 어떤 사람은 좀 더 돈을 많이 벌고 싶어 하고, 어떤 사람은 좀 더 일을 하고 싶어 하며, 어떤 사람은 좀 더 좋은 집에서 살고 싶어 합니다. 그 때문에 "자네, 이렇게 하게나."라고 말하면 그 말에 따르는 것이며 이를 통해 질서가 유지됩니다. 욕심이 없는 사람을 부리는 것은 상당한 명인이라도 쉽지 않은 일입니다.

인간을 사자에 비유하면 어떤 분들은 화를 낼지도 모르겠습니다만, 서커스를 보면 아름다운 여성이 채찍 하나만 들고 그 사나운 맹수인 사자에게 다양한 묘기를 부리게 하여 관객을 즐겁게 합니다. 이것은 먹이로 식욕을 자극해 묘기를 시키는 것입니다. 만약 호랑이나 사자에게 욕망이 없다면 어떻게 될까요? 아무런 묘기도 가르치지 못할 것입니다.

하물며 사람의 욕망은 더욱 복잡하기 그지없습니다. 그 때문에 조심해서 다뤄야 합니다. 자칫하면 원하는 것을 줘도 화를 낼 수 있습니다. 결국 사람은 욕망의 노예이므로 그 욕망을 적당히 만족하게 해 주면서, 또 욕망에 빠져드는 것을 적당히 경계하면서 안전한 선을 유지해 나가야 합니다. 바로 이것이 정치가가 할 일입니다. 그러므로 정치라는 것은 결코 어려운 일이 아니라고 저는 생각합니다.

저는 사람의 욕망은 살아가는 힘이므로 이것을 억제할 필요는 없다, 선도할 필요는 있지만 욕망 자체를 없애려 해서는 안 된다, 욕망은 적당히 키워 나가야 하는 것이라 봅니다. 정치의 핵심이 바로 여기에 있으며, 또한 장사의 핵심도 여기에 있습니다. 어떤

集단을 하나로 모으려면 욕망을 부여하고 그 욕망을 만족하게 해 줘야 합니다. 욕망을 부여하는 방법이 적절해야 함은 물론이며, 나아가 욕망을 만족하게 하는 방법, 경계토록 하는 방법이 적절 하다면 어떤 일이라도 할 수 있을 것입니다.

05

순수한 마음의
극치를 지향하며 살라

인간은 욕심과 욕망에 쉽게 이끌리고,

때로는 그것에 사로잡히기도 합니다.

그러므로 순수한 마음을 가져야 합니다.

순수한 마음을 가지면 현명하고 총명해집니다.

순수한 마음을 가집시다. 순수한 마음을 지니면, 여러분은 강인하고 바르며 현명한 사람이 될 수 있습니다. 무엇보다도 순수한 마음은 사람을 현명하게 만듭니다. 이른바 순수한 마음의 극점, 그 극치야말로 현명함의 극치라 할 수 있습니다. 그리고 그 현명함의 극치는 곧 신의 지혜에 다다르는 것입니다. 즉, 순수한 마음을 지닌다는 것은 신과 같은 경지에 이른다는 뜻입니다. 어찌 보면 아주 단순한 이치입니다.

여러분에게는 순수한 마음이 어느 정도 있을 것입니다. 하지만 완전무결하지는 않습니다. 자칫하면 욕심이나 욕망에 이끌리고 그것에 사로잡힐 때도 있습니다. 순수한 마음도 작용은 하지만, 그 마음이 강하게 작용할 때도 있고 약하게 작용할 때도 있습니다. 즉 기복이 있습니다.

　순수한 마음의 극치는 총명의 극치와 일맥상통합니다. 총명이라는 것은 현명하다는 뜻입니다. 그러므로 현명함의 극치라는 것은 언제나 현명함을 잃지 않는다는 의미입니다. 따라서 이것은 신의 지혜와 마찬가지입니다.

　쉽게 말해, 순수한 마음을 가진다는 것은 결국 점차 신이 된다는 뜻입니다. 사람의 모습을 하고 있고, 사람임은 틀림없지만, 신과 같은 지혜를 갖게 된다는 의미입니다. 이것은 매우 간단명료합니다. 하지만 문제는 좀처럼 순수한 마음을 갖지 못한다는 것입니다.

06

무사안일주의로는
발전하지 못한다

세상은 모든 것이 대립하며 조화를 이룹니다.
우주의 삼라만상, 예를 들어 지구와 태양조차도 대립하며
조화를 이룹니다. 사람도 마찬가지입니다.
할 말을 한 다음에 서로 이해하며
조화를 이루는 것이 중요합니다.
결코 무사안일주의에 빠져서는 안 됩니다.

*

　　사람이 늘 갈등 속에서만 살아갈 수는 없습니다. 하지만 쏟아
지는 다양한 요구들 가운데 타당하거나 상황을 개선할 수 있는
요청이라면 기꺼이 수용하는 것이 바람직합니다. 반대로 상황을
악화시킬 우려가 있는 요구에는 단호히 거절할 수 있는 강단이
필요합니다. 이는 앞으로의 삶에서도 마찬가지입니다. 물론 때로
는 상대의 기분을 배려해 타협하는 것도 좋은 태도입니다. 그러
나 '이건 결코 들어줄 수 없다'고 판단되는 요구는 분명히 거절하
고, 상대에게 반성을 촉구할 수 있어야 합니다. 무조건 '네'라고만
답하는 무사안일주의로는 결코 성장할 수 없습니다.
　　저는 세상의 모든 것이 대립하고 있다고 봅니다. 남녀도 보는
시각에 따라서는 서로 대립하고 있습니다. 지구와 태양도 대립하

고 있습니다. 저쪽에 태양이 있고 이쪽에 지구가 있으면서 서로 노려보고 있는 것이죠. 뭐, 서로 대화를 하는지는 둘째 치고(웃음), 조금도 흐트러짐이 없이 움직이고 있죠. 다시 말해 조화를 이루고 있습니다. 대립하면서 조화를 이루는 것입니다.

우주의 모든 현상은 서로 대립하면서도 궁극적으로 조화를 이루고 있다고 생각합니다. 남녀 관계 역시 마찬가지입니다. 서로 다른 존재로서 대립하면서도 조화를 이루는 것이지요. 그러나 이러한 대립 속에서 조화를 이루지 못하는 부부는 잦은 다툼 끝에 결국 파국을 맞이하게 됩니다. 반면, 때로는 격렬하게 부딪치더라도 근본적으로 조화를 이루는 부부는 싸움을 통해 오히려 관계가 깊어지고 함께 성장해 나갑니다.

그러므로 대립할 일이 있을 때는 대립하면 됩니다. 부하 직원이나 후배와도 대립하십시오. 하지만 그 속에서 조화를 이룬다는 생각도 해야 합니다. 세상의 모든 것이 대립하며 조화를 이루는 시대입니다. 우리의 동업자들도 모두 대립하고 있습니다. 대립하며 싸움만 하는 업계는 지나친 경쟁으로 손해를 입고 맙니다. 반면에 대립하며 조화를 이루는 업계는 서로 공부하며 정당하게 경쟁하며 발전해 나갑니다.

나라와 나라도 대립을 통해 동등한 관계를 형성할 수 있습니다. 이는 상하가 아닌, 조화를 이루며 함께 나아가는 관계입니다. 그런 균형 속에서 양국은 힘을 얻고 함께 발전할 수 있지만, 대립이 싸움으로만 흐르면 결국 전쟁으로 이어집니다. 따라서 중요한 것은 대립 자체보다 그것을 어떻게 조화롭게 풀어가느냐입니다. 이는 기업, 개인, 외교 모두에 해당되는 원칙입니다.

저는 대립과 조화의 원리가 하나의 학문으로 정립되고, 현실에 적용되는 것이 중요하다고 생각합니다. 그러나 이 문제는 여전히 충분히 논의되지 않고 있습니다.

본질적으로 대립은 자신의 생각을 분명히 표현하는 것이며, 조화는 상대가 그것을 이해하고 받아들이는 과정입니다. 따라서 해야 할 말을 아끼고 침묵한다면, 대립도 조화도 시작되지 못한 채 가능성은 사라지고 맙니다.

07

화합을 중요시하고
자비를 알라

일본에는 전통적인 야마토大和 정신이라는 게 있습니다.
그중에서도 중요한 것은 '와和'의 정신입니다.
자비를 알고 '와'를 중시하는 마음이 바탕에 있어야
비로소 물질적으로도 정신적으로도
풍요로워질 수 있는 것이 아닐까요?

제가 요전에 문득 느낀 바를 말씀드리고자 합니다. 지금 일본에 와서 사업을 하고 있는 중국 광둥廣東 사람이 한 명 있는데, 그가 작은 책자를 발행했습니다. 그 책에는 다음과 같은 내용이 있었습니다.

"나는 광둥 사람이며, 광둥 사람들은 광둥이 중국의 중심이라고 생각한다. 광둥은 4000년의 역사를 가지고 있다. 그사이에 몇 차례 전쟁이 일어나 몇 번은 승리했고 몇 번은 졌지만, 그래도 오늘날 우리는 광둥의 정신이라는 것을 지니고 있다. 우리는 그것을 매우 자랑스럽게 생각한다. 지금 나는 일본에 와 있지만, 광둥 사람으로서 역시 광둥의 정신을 지니고 있다. 한편, 일본에는 야마토 정신이라는 것이 있었다. 그런데 한 번의 전쟁, 한 번의 패

배로 야마토 정신을 완전히 잃어버린 것은 아닐까 하는 생각이 든다."

저는 그 책을 읽고 깊은 감명을 받았습니다. 중국 광둥 사람은 4000년 전부터 이어져 온 전통적인 광둥 정신을 오늘날까지도 가슴 깊이 간직하고 있으며, 그것을 자랑스럽게 여기면서 세계 무대에도 활발히 진출하고 있습니다. 그런 광둥 사람이 일본을 보고 "일본인은 야마토 정신을 잃고 자신을 스스로 낮추는 것은 아닌가? 참으로 아쉬운 일이다."라고 말한 것입니다. 그 사람의 평가가 옳은 것이냐 아니냐에 대해서는 다툼의 여지도 있겠습니다만, 저는 일본에도 결코 광둥 사람들에게 뒤지지 않는 전통적인 정신이 여전히 살아 있다고 믿습니다. 다만, 우리는 그것을 쉽게 입 밖에 내기를 주저할 뿐입니다. 그렇지만 저는 그 정신에 걸맞은 일을 지금도 실천하고 있다고 생각합니다. 중국 사람들이나 서양 사람들에게 뒤지지 않는 일을 하고 있습니다. 입으로는 말하지 않지만, 야마토 정신은 분명히 있다, 그렇기에 이 나라가 여기까지 올 수 있었다고 생각합니다. 그 야마토 정신 중에서 제가 생각하는 중요한 분야는 바로 '와'의 정신입니다.

　1300년 전에 시텐노지四天王寺를 세운 쇼토쿠 태자聖德太子가 '와'를 소중히 여기라는 가르침을 널리 퍼트리고 정치에 반영했던 것을 떠올려 봅시다. 우리의 강한 정신, 즉 전쟁에서 패했지만 일본을 재건한 이 정신은 분명 야마토 정신일 겁니다. 그리고 그 야마토 정신의 대부분은 와和를 소중히 여기는 마음에 기초를 두고 있다는 것이 제 의견입니다.

　일본인은 자비를 아는 국민입니다. 물론 때때로 잘못을 저지르거나 비행을 일삼는 청소년도 있습니다. 그러나 그런 시기일수록 어른들이 스스로를 성찰하고 책임 있게 목소리를 냈다면, 비행은 줄고 사회도 제자리를 찾았을 것입니다. 오늘날의 문제는 어른들이 해야 할 말을 하지 않았기 때문에 생긴 결과입니다.

　이제 우리 모두가 일본인의 장점과 전통을 바로 인식하고 그것을 정확히 이해한다면, 물질적 번영 위에 마음의 풍요도 더해질 것입니다. 그렇게 될 때, 우리는 물질과 정신이 조화를 이루는 더욱 훌륭한 일본을 만들어 갈 수 있으리라 믿습니다.

2장

인생에서
성공하기 위해
알아야 할 것들

인생은 한 번뿐이며
모든 사람은 자기 인생의 주인공이다.
그러나 다른 사람 역시
그 사람 인생의 주인공임을 잊어서는 안 된다.
나와 다른 사람의 시간이
한데 모여 인생이 되는 법이다.

08

사람은 누구나
자기 '인생'의 주인공이다

전례가 없을 만큼 어려운 시대입니다.

그러나 시각을 바꿔서 피가 끓고

심장이 고동치는 재미있는 시대를 살고 있다는 기쁨을 느끼고

연극 무대에 선 명배우처럼 각자의 인생을

담대하게 연기해 보십시오.

저는 80년이라는 세월을 살아왔는데, 그중에서 가장 힘든 시대가 바로 지금인 것 같습니다. 조금 불황의 느낌이 든다든가, 조금 힘들다든가, 조금 소란스러운 시대도 있었습니다. 그사이 세 번이나 전쟁이 있었습니다.

하지만 그 어느 시대와 비교해도 지금이 가장 힘든 시기입니다. 겉보기에는 가장 물질이 풍요로워 보이지만, 그 본질을 파헤쳐 보면 매우 어려운 상태입니다.

이 어려운 상태를 진정으로 헤쳐 나가려면 그에 걸맞은 혁신적인 방법을 생각해 내야 합니다. 전례가 없을 만큼 어려운 시대이므로 역시 전례가 없을 만큼 혁신적이고 좋은 방안을 생각해 내야 합니다. 그러한 새로운 가치를 창조해 내지 못하는 한, 상황은 결코 나아지지 않을 것입니다. 그것이야말로 지금 우리 모두가 어깨에 짊어지고 있는 과제가 아닐까요.

하지만 다른 시각으로 바라보면 매우 좋은 시대를 살고 있다 고도 할 수 있지 않을까요? 저도 아직 살아 있어서 다행이라고 생 각합니다. 지금 이 시대는 그야말로 '살아 있는 연극 무대'입니다. 우리는 도쿄 주오구에 있는 일본의 대표적인 극장 가부키자歌舞伎座같은 곳에 가서 돈을 내고 "아아, 재미있었어. 배우가 연기를 잘 하네."라며 연극을 감상합니다.

하지만 지금의 세상은 그 어떤 연극보다도 생생한 무대입니다. 우리는 그 무대에서 연기하는 배우입니다. 진짜 배우이며 주인공 입니다. 각자가 주인공이 되어 연극을 하고 있다고 생각해야 합 니다.

이렇게 살아 있는 연극을 하는 오늘날, 여러분은 자신이 천재 일우의 기회에 태어났다고 해도 될 것입니다. 과거에는 있을 수 없던 인생과 조우했습니다. 그런 세상을 만났다는 것, 과거 수천

년, 수억 명 중 누구보다 멋진 시대에 태어났음을 기뻐하고 명배우가 되어 연기를 펼쳐야 합니다. 그런 느낌을 가져야 하는 것입니다.

게다가 여러분이 연기할 때 다른 사람이 그 연기를 보고 있습니다. 또한 여러분도 다른 사람의 연기를 보고 있습니다. 여기에 관람료가 무료라는 점을 생각하면 피가 끓고 심장이 고동칠 만큼 재미있는 시대를 산다고 해도 과언은 아니지 않을까요. 여러분은 아직 젊습니다.

아직 30년, 40년은 충분히 일할 수 있습니다. 저는 어쩌면 내일 세상을 떠날지도 모릅니다. 하지만 그런 생각을 하면 일을 할 수가 없으니 난 100세까지는 죽지 않는다, 110세까지는 살겠다고 생각합니다. 만약 110세까지 산다면 저는 1894년생이니까 3세기를 사는 셈이 됩니다. 19세기, 20세기, 21세기를 사는 것입니다. 앞으로 26년 후, 제 나이가 106세가 되면 3세기에 걸쳐 살게 됩니다. 이 얼마나 유쾌한 일입니까? 아무래도 여러분은 3세기까지는

힘들 것 같습니다만. (웃음)

그렇게 생각하면 우리가 정말 110세까지 살 수 있을지도 모릅니다. 26년 정도는 금방 지나갑니다. 그렇다면 21세기 초반의 세상이 어떤 모습이 될지를 지금부터 미리 계획하고, 치밀하게 계산하며 아이디어를 구상해 나가야 합니다. 그런 생각을 하면 즐거워져서 시간이 가는 줄도 모릅니다.

09

타인의 재능을
키우는 노력

'재능을 얼마나 살리고 있는가?'라는
문제의 답을 쓰기 위해 과연 몇 권의 공책을 사용했습니까?

여러분의 주위에는 다양한 사람들이 있을 겁니다. 그들에게는 누구나 장점과 단점이 있습니다. 여러분은 주위 사람들의 장점을 보려고 노력하시기 바랍니다. 단점도 봐 둘 필요는 있겠지만, 그렇게 열심히 찾아내려 하지 않아도 됩니다. 그러면 'A는 이런 장점이 있고 B는 이런 장점이 있구나. 그렇다면 A가 이 장점을 더욱 발전시키도록 협력하자. 그리고 B의 장점에 대해서는 이 부분을 도와주자.'와 같이 흥미가 솟을 것입니다. 그 사람에 대해 그렇게 행동하면 여러분의 주위는 매우 밝아질 것이며 성과도 크게 오를 것입니다. 또한 동시에 주위 사람들도 여러분이 장점을 더욱 성장시킬 수 있도록 힘을 보탤 것입니다. 가령 "야마모토 군. 자네는 이런 부분에 소질이 있으니 확실히 처리해 주게. 나도 도와주겠네."라고 말한다면 그 사람이 담당하는 업무는 점점 발전합니다.

이런 일은 크든 작든 일어나고 있습니다. 다만 그것이 매우 강하게 일어나는가, 그다지 강하게 의식되지 않는가에 따라 그 단체, 그 회사, 나아가 그 나라 국민의 발전에 커다란 차이가 생기는 것이죠.

다른 선진국도 사람이 사는 곳인 이상 인간관계의 어려움이 있을 것입니다. 하지만 우리 눈에는 인간관계가 참으로 원활해 보입니다. 그 원활한 인간관계가 국력이 되며 발전으로 나타납니다. 그러므로 우리 일본인에게 나쁜 습성이 있다면 국민 스스로 그 습성을 제거하고 고치고자 노력해야 합니다.

여러분은 앞으로 각자의 체험과 생각을 바탕으로 일하게 되겠지만, 무슨 일이 생겼을 때는 지금 제가 드리는 말씀을 한번 되새겨 주시기 바랍니다.

일본에서는 다른 사람이 위로 올라가려 하면 잡아 끌어내리려고 합니다. 그래서 좀처럼 위로 올라가지 못합니다. 하지만 그래서는 안 됩니다. 제가 드리는 말씀이 이상적인 국민성이라고 생각해 주십시오. 누군가가 위로 올라가려 한다면 "그래, 올라가." 라며 올라가게 하십시오. 모두가 올라가면 마지막으로 "나도 끌어올려 줘."라고 청하십시오. 그렇게 전부 위로 올라가면 '위에서 보니 저편의 풍경이 참 아름답구나.'라고 감탄할 것입니다. 아주 간단한 일입니다. 이 아주 간단한 일이 안 된다는 데 국민성의 약점이 있는 게 아닐까요.

여러분은 지금까지의 과정에서 그런 문제에 대해 얼마나 연구하셨습니까? 이것은 여러분이 가진 지식과 재능을 살리느냐 살리지 못하느냐와 큰 관련이 있습니다. 여러분의 재능을 50퍼센트만 살리느냐, 아니면 150퍼센트 살리느냐와도 큰 관련이 있습니다. 여러분은 지금까지 여러 가지 지식을 공부하면서 공책에 이것저것 필기도 했을 것입니다. 그렇다면, 이런 문제에 대해서는 공책을 몇 권이나 사용하셨습니까? 아마 한 권도 사용하지 않았으리라 생각합니다. 일본인은 그런 것을 연구해야 합니다. 이것은 제가 여러분께 드리는 부탁입니다.

10

두 손을 모아
기도하는 기분으로

부디 두 손을 모아,
이 난국을 스스로 헤쳐 나갈 수 있도록
간절히 기도해 보십시오.
여러분은 일상 속에서 그런 마음을
느껴본 적이 있으신가요?

＊

　사실 저는 요즘 밤에 잠자리에 들 때, 또 아침에 일어났을 때 먼저 두 손을 모읍니다. 저는 특정 종교를 믿지는 않습니다. 하지만 이 난국을 헤쳐 나가고 싶을 때, 집에 있는 불단佛壇 앞에서 조상님에게 부탁하는 기분으로 말하곤 합니다. 저 역시 부디 이 어려운 상황을 헤쳐 나갈 수 있도록 도와 달라고 두 손 모아 기도하는 심정이 됩니다.

　일본의 난국, 업계의 난국, 마쓰시타 전기의 난국을 어떻게든 헤쳐 나가고 거래처의 신뢰를 얻으려면 우리는 그에 걸맞은 일을 해야 합니다. 제가 그런 일을 할 수 있도록 해 달라는 마음에서 저도 모르게 손을 모아 기도하는 심정이 되는 것이죠.

　최근 저는 매일 그런 기분을 맛보면서 일에 몰두하고 있습니다.

11

감사의 마음과
두려움을 몰라서는 안 된다

사람의 마음에 감사와 두려움이 없다면 어떻게 될까요?

감사할 줄 알고 두려움을 느끼는 사람이고 싶습니다.

매사에 조심하며 겸허한 사람은 분명히 잘못도 적게 할 테지요.

[마쓰시타]

감사의 마음과 두려움을 모른다면 사람이 아닙니다. 이에 대해 어떻게 생각하나요? 감사란 무엇일까요? 사전에서 한번 찾아보십시오.

[PHP 연구소 직원]

'고맙게 느끼며 사의를 표하는 것'이라고 나와 있습니다.

[마쓰시타]

그것뿐인가요? 사회학을 공부했지요? 사람에게서 감사의 마음과 두려움을 제거하면 어떻게 될까요? 훌륭한 사람이 될 수 있을까요? 한번 생각해 보십시오.

[PHP 연구소 직원]

사람의 마음속에는 감사라든가 두려움이라든가 다정함 등이 있는데, 마음에서 감사와 두려움, 그 밖의 갖가지 감정을 제거한다면 기계처럼 되어 버릴 것 같습니다.

[마쓰시타]

사람의 마음에는 인정人情을 비롯해 다양한 감정이 존재합니다. 그런데 만약 그런 감정들을 지나치게 없애버린다면, 인간은 결국 기계처럼 변하고 말 것입니다. 모든 감정을 없애 버린다면 말이죠. 난 그중에서 딱 두 가지, 감사의 마음과 두려움만 제거해도 기계처럼 된다고 생각합니다. 그 두 가지만 없으면 결국 인정이고 뭐고 할 것 없이 전부 사라지는 것이 아닐까 싶어요. 감사하는 마음이 있고 두려워하는 마음이 있으니까 인정과 같은 것이 생겨나는 거라고 생각하는데 말이죠.

[PHP 연구소 직원]

그러니까 천성, 즉 하늘이 내려 준 인간의 본성 중에는 동물적
인 것과 인간 본연의 것이 있습니다. 감사와 두려움을 없애면….

[마쓰시타]

동물은 어떨까요? 감사나 두려움이라는 감정을 전혀 모르는 것
은 아니겠지만, 인간만큼 깊이 느끼지는 않을 것입니다. 그 감정
의 양이나 깊이가 사람과는 다르겠지요. 그래서 '감사와 두려움
을 모르면 사람이 아니다'라는 말은, 참 흥미롭고도 의미 있는 표
현이라고 생각합니다.

[PHP 연구소 직원]

어제 어떤 사람에게 이 이야기를 해 봤는데 "응? 두려움도?"라
는 반응을 보였습니다. 감사의 마음을 모르면 사람이 아니라는
것은 비교적 쉽게 이해가 됩니다. 하지만 두려움을 모르면 사람
이 아니라는 말은 처음 듣는 것 같습니다. 그렇다면 '두려움을 안

다.'라는 것에 대한 설명이 필요합니다.

[마쓰시타]

그렇군요. 두려움이란 어떤 것인가 하면, 그러니까 '공손하고 겸손하며 자신의 분수를 지킨다.'라는 말이 있지요? '겸허'라는 말도 있고요. 이것 역시 일종의 두려움과 상통하는 면이 있다고 생각합니다. 흔히 형이 무섭다든가 아버지가 무섭다는 것과도 연결되지요. 혹은 사장이 무섭다든지, 도둑이라면 경찰서장이 무섭다든지 말입니다.

그렇다면 제일 높은 위치에 있는 사람은 누구도 두렵지 않을까요? 아닙니다. 부하를 두려워하거나, 하늘 또는 신을 두려워할 수 있겠지요. 스스로 그런 두려움을 느낄 줄 아는 사람은, 자연스럽게 자신의 몸가짐을 조심하게 됩니다. 즉 두려움을 안다는 것은 곧 깊이 있게 스스로를 경계하고 신중하게 행동하는 사람이라는 뜻이지요. 그렇게 깊이 조심하는 겸허한 사람이 느끼는 두려움은 단순히 개가 무니까 무섭다는 것하고는 완전히 다릅니다. 좀 더

고차원적인 두려움이지요.

[PHP 연구소 직원]

소극적인 것과는 다르군요.

[마쓰시타]

자신이 원하는 방향으로 때로는 소극적으로, 때로는 적극적으로 행동할 수 있다면 바람직한 삶의 태도일 것입니다. 그런 자세는 늘 마음속에 살아 있어야 합니다. 두려움에 위축되어서는 안 되지만, 그렇다고 두려움이 완전히 사라져서도 안 됩니다. 조심성과 경계심은 인간에게 꼭 필요한 감정입니다.

신앙을 가진 사람은 종종 신 앞에서 '죄송하다'는 마음을 갖습니다. 신앙이 없더라도 세상의 눈을 의식하며 '이런 행동은 해서는 안 된다'는 경계심을 느끼게 됩니다. 이런 마음가짐은 스스로를 조심하게 하고 잘못을 줄이게 하며, 그것이 사람답게 살아가는 길이라 생각합니다.

12

이해관계에 얽매여
고민하지 말라

사물을 이해관계의 기준으로만 바라보지 마십시오.

자신의 것은 분명 내 것이지만,

동시에 결코 나만의 것이라 할 수는 없습니다.

이런 마음가짐을 지닌다면,

굳이 고민할 일도 줄어들지 않을까요?

＊

　사이고 다카모리가 걸출한 인물로 칭송받는 이유는 무엇일까
요? 분명히 현명한 사람이기 때문이기도 합니다만, 무엇보다도
어떤 일을 할 때 자신의 이해利害와 연관시키지 않은 점이라고 봅
니다.

　사이고 다카모리는 가쓰 가이슈勝海舟와 협력해 에도가 불바다
로 변하는 것을 막았고※, 스스로 책임을 지고 사태를 수습했습니
다. 이는 이해관계를 초월한 사람이 아니고서는 불가능한 일이었
습니다. 진정으로 목숨을 걸기 위해서는 그와 같은 마음가짐이
바탕에 있어야 합니다. 나라를 위해, 사회를 위해서는 언제 죽어
도 상관없다고 각오하고 개인의 이해는 버린다는 다짐이 있었던
것입니다. 물론 이런 마음은 쉽게 생겨나는 것은 아니며, 이해하

고 공감하는 과정 속에서 서서히 길러지는 면도 있을 것입니다.

　한 가지 예를 들어 보겠습니다. 가령 장사를 하는 사람에게는 세금이 적게 부과되는 편이 당연히 좋습니다. 세금이 많이 부과되는 일은 어느 장사꾼에게나 반가울 리 없지요. 하지만 세무서의 입장과 납세자의 입장은 서로 다르기 마련입니다. 저도 그런 일이 있었습니다. 당시 세무서에서는 "당신 회사는 이만큼 돈을 벌고 있으니 적어도 4만 8,000엔은 내셔야 합니다."라고 했지만 제가 볼 때는 3만 엔만 내도 충분할 것 같았습니다. 그런데 그때 문득 이런 생각이 들었습니다.

　'잠깐만, 이 돈은 사실 내 돈이 아니야. 말하자면 국가의 돈이지. 내가 장사를 해서 이익이 생긴 것이긴 하지만, 어디까지나 잠시 개인에게 맡겨진 것일 뿐, 본질적으로는 모두 국가의 재산이야. 그러니 국가가 그 재산을 다시 거둬 간다고 해서 억울해하거나 고민할 필요는 없지.' 라고 생각하니 마음이 한결 가벼워졌습니다. 그리고 상대방도 '아, 이 사람은 참 정직한 사람이구나' 하고 느끼게 되지요.

결국 빼앗기는 것을 참을 수 없다는 생각이 마음속에 있으면 교묘한 말로 속이고 싶어집니다. 하지만 지금 자신이 가진 재산을 죽은 뒤에 무덤까지 가지고 갈 수는 없습니다. 죽으면 누군가에게 줘야 합니다. 자식 또는 배우자에게 주거나 친척에게 주겠지요. 자식도 배우자도 친척도 없으면 국가에 귀속됩니다. 즉 본질적으로는 전부 자신의 것이 아닙니다. 저는 이런 사고방식이 바로 사이고 다카모리의 마음가짐과 같은 것이 아닐까 짐작합니다. 사안은 다르지만 말입니다. 그 점을 문득 깨달았던 것입니다.

여러분도 앞으로 여러 가지 문제에 부딪힐 테지요. 부지런히 회사를 위해, 사회를 위해, 또 자신을 위해 일해야 합니다. 이와 동시에 지위와 월급도 오르도록 노력해야 할 것입니다. 그런 생각으로 회사에 들어가는 것이 바람직하며 또한 그래야 합니다. 하지만 그렇다고 해서 반드시 회사의 사장이 될 수 있는 것은 아닙니다. 그것은 자신의 운명에 따라 결정되는 일이기 때문입니다. 그러므로 사장이 된 사람을 보더라도 거기에 집착할 필요는 없습니다. 현재에 최선을 다하며 일하고 있다면 그것으로 충분합니다. 현재의 대우에 불만도 있을지 모르지만, 그럴 때는 이것은 이렇게 해 주었으면 한다, 혹은 이것은 좋지 않으니 이렇게 바꿔 주었으면 한다는 의견을 당당하게 밝히십시오. 그리고 그것 때문에 고민할 필요는 없습니다. 그렇게 일생을 맡기십시오. 즉 운명에 맡기는 것입니다. 혹은 그 회사에, 아니면 자기 자신에게 맡기는 것입니다.

※ 정토대총독 참모로 에도에 들어간 사이고 다카모리는 막부 측의 가쓰 가이슈와 협의해 쇼군 요시노부德川慶喜의 안전 보장과 도쿠가와 가문의 존속을 조건으로 피 한 방울 흘리지 않고 에도 성문을 열게 했다.

13

물질에 지배당하지 않고
물질을 지배하는 사람

신하로서 최고의 지위에 올라도

만족하지 못하는 사람이 있는가 하면,

물질적으로 빈곤해도 마음은 풍요로운 사람이 있습니다.

물질을 중요시하는 것은 좋지만, 물질에 집착해서는 안 됩니다.

그래서는 세상에 이익을 가져다주지 못합니다.

물질에 이용당하지 않고 물질을 이용하며

자신을 위해 사는 사람이 되십시오.

[마쓰시타]

인간으로서 중요한 점 중 하나라고 생각하는데요. 기쁨을 느끼는 사람은 많이 행복할 겁니다. 어떤 사람한테는 기쁨이지만 다른 사람한테는 기쁨이 아닌 일도 있기는 하지요. 하지만 기쁨을 많이 느끼는 편이 역시 마음이 풍요로워지는 것 같습니다.

료칸 화상良寬和尚이라는 사람을 아십니까? 욕심이라고는 하나도 없는 승려였지요. 자세히는 모르지만, 이 료칸 화상은 초막을 짓고는 그 안에서 속세를 떠난 사람처럼 생활하면서 따뜻한 날에는 마을로 나와 탁발을 하고 아이들과 함께 놀며 살았다고 합니다. 이 사람은 옷 위를 기어가는 벼룩을 발견하면 품 안으로 들여보내 주는 괴짜 중이었는데, 그런 데서 기쁨을 느꼈지요. 보통 사람들은 할 수 없는 행동이겠지만, 요컨대 재물이 없어도 기쁨을 느꼈다는 거죠.

지금은 재물 없이는 기쁨도 없습니다. 세상의 모든 사람이 재물은 없어도 벼룩을 키우면서 기쁨을 느낀다면 생산량을 늘릴 수도 없고, 공업이라는 것이 발전하지 못하니까 이를 모두에게 장려해서는 안 되겠지요. 그러나 개인적으로 보면 그런 사람들은 우리가 하지 못하는 발상을 하면서 충분히 인생을 즐기고 있는 게 아닐까요. 그러니까 태정대신太政大臣에 올라도…. 아, 태정대신이 뭔지는 아시지요?

[마쓰시타 전기 사원 1]
천황을 제외하고 신하로서 최고의 자리이지요.

[마쓰시타 전기 사원 2]
전, 처음 들어 보는 말입니다.

[마쓰시타]

허허, 이거 놀라서 말이 안 나오는군요. 어쨌든, 신하로서 최고의 자리에 올라도 만족하지 못하고 천황이 되고자 하는 사람도 있고, 료칸 화상처럼 물질적으로는 빈곤한 생활을 하면서도 모든 사람을 수용하고, 벼룩의 주장까지도 들어주는 마음이 풍요로운 사람도 있다는 말입니다.

난 인간 사회에서 정직이 귀중한 가치이며 중요한 것이라고 믿지만, 그와 함께 마음의 넓이라는 것도 중요하다고 믿습니다. 료칸 화상과 같은 마음가짐, 물질에 휘둘리지 않는 마음 말이죠. 개는 물질로 움직일 수 있지요? 개에게 먹이를 주면 짖게도 할 수 있고 뒷발로 서게 할 수도 있습니다. 하지만 사람은 물질에 휘둘려서는 안 됩니다. 물질이라는 것을 초월해서 물질을 이용하는 것, 자신을 위해 물질을 활용하는 것은 좋지만, 물질에 이용당해서는 안 됩니다.

지금의 세상에 물질을 초월해 물질을 이용하는 사람이 몇 명이나 될까요? 아마 없을 겁니다. 대부분이 물질에 좌지우지되지요.

물질에 눈이 멀어 아등바등 다툼을 벌이는 것이 지금의 세상입니다. 죽으면 아무것도 가지고 가지 못하는데 말이죠. (웃음)

[마쓰시타 전기 사원 3]

요컨대 물질에 집착한다는 말씀이시군요. 그래서는 불행하겠습니다.

[마쓰시타]

물질을 소중히 여기는 것은 좋지만, 물질에 얽매여서는 아무것도 할 수 없습니다. 물질에 얽매이면 개인적인 다툼이 벌어지지요. 그뿐 아니라 추악한 생각을 하거나 올바르지 않은 방식으로 장사를 하게 되니 세상에 이익이 되지 않습니다.

이런 이야기까지 하는 건 좀 뭣하지만, 그래도 조금만 참고 들어 주십시오. 전 그렇게 생각합니다. 마쓰시타 전기에서는 단순히 이익만을 위한 경영은 용납되지 않습니다. 마쓰시타 전기에서 일하는 사람이 얻는 수입은 사회의 인정을 받아야 합니다. 그러지 않으면 활동을 할 수 없으니까요. 우리는 사회를 위해 제품을 만들고 있지요. 그리고 그것을 인생의 의의로 생각합니다.

기차 회사에 다니는 사람은 자신의 돈벌이를 위해 기차를 만드는 게 아닙니다. 더 나은 사회를 만들기 위해 기차를 만들어 서비스하는 것이지요. 그 보수로 직원이나 회사가 일정한 임금이라든가 수입을 얻는 것일 뿐이며, 이는 어디까지나 사회를 위한 사업이기에 용납됩니다.

마쓰시타 전기의 사람만이 '이렇게 하자, 저렇게 하자.'라고 생각해도 안 됩니다. 법률상으로는 물론 도의상으로도 용납되는지 아닌지를 판단하여 경영하고 제품을 만들어야 한다는 것이 회사의 철학입니다. 우리는 40년간 이 철학을 한결같이 지켜 왔지요.

솔직히 말해 처음에는 아무것도 몰랐습니다. 그저 장사를 해서 돈을 벌자는 생각만 있었지요. 좋은 물건을 만들어서 싸게 팔아 이익을 얻자는 정도의 생각이었답니다. 그렇게 회사를 운영하는 사이에 직원이 100명이 되고, 200명이 되니까 단순히 그것뿐만이 아니라 무엇인가 사회적 사명이 있다는 생각이 들기 시작했습니다. 여기에서 기본 방침이 되는 사명을 생각해 냈습니다. 지금은 그와 같은 사명에 입각해 모든 경영의 방향을 기획하고 있습니다.

그렇기 때문에 마쓰시타 전기는 하나의 공공 기관이라고 할 수 있습니다. 달리 말하면 사회의 공공 재산이란 말이죠. 그것을 우리가 맡고 있는 것입니다. 따라서 이곳에서 일하는 사장을 비롯한 모든 직원은 공공 기관에서 봉사하는 공무원이라는 생각으로 일해야 합니다.

우리 회사의 운영 철학을 어디까지 이해했는지는 모르지만, 이 방침은 잘못되지 않았다고 믿습니다. 이해하지 못하는 부분이 있어도 과도기니까 참고 견디자, 때가 되면 전부 알게 될 것이라고 믿고 있지요. 그런 생각은 모두 각자 가지고 있을 거라고 믿고는 있지만, 철저하지 않은 점도 있을지 모릅니다.

회사 경영에 대한 이야기는 하지 않으려고 했는데 조금 샛길로 빠져 버렸군요.

14

큰 뜻을 품더라도
눈앞의 현실을 잊어서는 안 된다

'큰 뜻을 품는다.'라는 말에 도취해서는 안 됩니다.

큰 뜻을 품지는 않았지만 하루하루를 성실하게 보내다가

커다란 성공을 거둔 사람도 있습니다.

결코 현재 상황을 간과해서는 안 됩니다.

"청년이여, 큰 뜻을 품어라."라는 유명한 말이 있습니다. 이것은 매우 중요한 일입니다. 청년이 큰 뜻을 품고 열심히 노력하는 것은 매우 중요합니다. 다만, 이 "청년이여, 큰 뜻을 품어라."라는 말에만 도취해서는 안 된다고 느낄 때도 있습니다.

이 큰 뜻을 품는다는 말에 관해 제 의견을 말씀드리지요. 사실 저는 여러분 또래일 때 "청년이여, 큰 뜻을 품어라."라는 말에서 힘을 얻은 적이 없습니다. 제가 20세였을 때를 되돌아보면, 어떻게든 생활을 안정시키고 싶다는 아주 평범한 소망만을 가졌었습니다. 물론 말은 이렇게 해도 아무런 생각 없이 산 것은 아닙니다. 더 나은 하루를 보내고 싶다, 오늘 하루를 열심히 살고 싶다는 생각은 진지하게 했습니다. 다만 대단히 큰 뜻을 품으며 일한 적은, 솔직히 없었던 듯합니다.

약 50년이 지난 지금 생각해 보면, 큰 뜻을 품고 일한 덕분에 성공한 것은 아니지만 하루하루를 성실하게 살아옴으로써 큰 뜻을 품고 일에 몰두한 것과 같은 성과를 거둔 것이 아닐까 싶기는 합니다.

이와 같은 제 체험을 바탕으로 드리고 싶은 말씀은 이렇습니다. 큰 뜻을 품는다는 것 자체는 매우 중요하고 훌륭한 일입니다. 하지만 큰 뜻을 품었다고 해서 먼 곳만 바라보고 지금 당장의 현실을 되돌아보지 않는 일도 많지 않은가 싶습니다. 큰 뜻을 품었지만 성공하지 못하는 사람도 있습니다. 한편, 큰 뜻을 품지 않았지만 하루하루를 성실히 보낸 끝에 마침내 큰 뜻을 품은 사람과 같은 성과를 거둔 사람도 있습니다. 저는 어느 쪽인가 하면, 큰 뜻을 품지 않았지만 큰 뜻을 품은 사람과 같은 성과를 거둔 쪽이 아닐까 싶습니다.

제가 오늘날 거둔 성과를 성공이라고 할 수 있을지는 잘 모르겠습니다. 만약 이것을 성공이라고 부를 수 있다면, 큰 뜻도 아무것도 없이 그저 평범하게 그날그날을 충실히 살아감으로써 큰 성과를 거둘 수 있는 것도 분명한 사실이라는 생각이 듭니다.

그러므로 저는 여러분이 성인의 대열에 들어서게 된 이 기쁜 해에, 다시 마음을 다잡고 큰 뜻을 품어 크게 성공하기를 바랍니다. 여러분 자신을 위해서도, 사회를 위해서도 성공하고 싶어 하는 것은 바람직한 일입니다. 하지만 그것만으로는 부족합니다. 설령 큰 뜻을 품지 않더라도 결과적으로는 상당한 성과를 이루어 낼 수 있습니다. 오히려 큰 뜻을 품고 그 목적만을 바라보다가 현실을 간과한다면 그 큰 뜻이 걸림돌이 될 수 있습니다. 큰 뜻을 품는 것은 좋지만, 큰 뜻을 품을수록 오늘 하루를 충실히 보내야 합니다. 설령 큰 뜻을 품고 있어도 오늘의 현실을 소홀히 하면 오히려 큰 실패로 이어질 수 있습니다.

반대로 하루를 평범하게, 하지만 성실하게 일하다 보면 그 하루하루가 쌓여서 나중에 되돌아볼 때는 자신도 모르는 사이에 커다란 족적을 남기고 있을지도 모릅니다. 어느 길을 선택할지는 여러분 각자의 성향과 개성에 따라 신중히 판단해야 할 일입니다.

15

중용을
지킬 것

무엇이든 지나친 것은 좋지 않습니다.
중용이야말로 진리이며 진수眞髓입니다.
중용이란 길 한가운데를 달리는 것입니다.
중용을 유지하기는 어렵습니다.
방치해 두면 사람은 도를 넘고 말거든요.

[기자]

일본의 전후 경제 성장이 지나친 경쟁이라고도 할 수 있을 만큼 치열한 경쟁 위에서 실현되었다고 말하는 사람이 있습니다.

[마쓰시타]

어떤 측면에서는 그런 시각도 가능하지요. 하지만 진정한 의미의 지나친 경쟁은 실상 서로 상처를 입고 쓰러질 때가 많은 법입니다. 스모 경기를 생각해 보십시오. 규칙을 벗어나는 플레이를 한다면 개중에는 팔이 부러지는 자도 있을 것이고 상처를 입고 쓰러지는 일도 있을 겁니다. 그건 발전이 아닙니다.

역시 어떤 일이든 과도한 것은 좋지 않습니다. 영업도 지나친 영업은 안 됩니다. 영업 과다증에 걸리고 말지요. 물론 부족해도 안 되겠지만 말입니다. 그래서 '중용^{中庸}'이라는 말이 중요합니다. 중용이라는 말을 누가 처음 썼는지는 모르겠지만, 중국의 훌륭한 사람이 2000년도 더 전에 그런 진리를 설파했다고 합니다. 그리고 그 진리는 오늘날에도 찬란히 빛을 발하고 있지요. 그런 것을 갖가지 논리를 갖다 대며 무시하려다가 뼈가 부러지고 상처를 입는 것이 현대 문명의 한 단면입니다.

[기자]
그런 점에서는 중용이라는 것이 문화의….

[마쓰시타]
네, 난 중용이 문화의 진수를 보여 주는 말이라 생각합니다.

[기자]
하지만 중용에 너무 얽매이면 기업의 진보와 발전은 생각할 수

없게 되지 않을까요?

[마쓰시타]

인간이라는 존재는 중용을 유지하기가 매우 어렵기 때문에 중용이라는 말이 생긴 것입니다. 사람은 방치해 두면 진폭振幅이 커지면서 도를 넘는 행동을 하거든요. 쉽게 말하면 그 진폭을 석 자에서 한 자로 줄이는 것이 바로 중용입니다.

중용의 중용을 걷기는 불가능할 겁니다. 그건 신이나 할 수 있는 일입니다. 그렇다고 그대로 놔두면 진폭이 너무 커져서 이쪽으로 가서는 이쪽 물건을 부수고, 저쪽으로 가서는 저쪽 물건을 부수며 점점 상처를 입히다가 결국 자신도 쓰러집니다. 그래서는 안 되니까 중용을 외치는 것이지요. 그러면 "그렇군. 들어 보니 일리가 있어."라며 점점 진폭이 작아져 한 자 정도의 폭이 되는 겁니다. 상처를 입고 쓰러지는 지경에는 이르지 않고 그냥 좀 지치는 정도에서 멈추는 것이죠. 그러면 성장하게 되지요.

✳

[기자]

하지만 젊은 사람들이 전부 중용을 외치면 진보는 생겨날 수
없지 않을까요?

[마쓰시타]

아니, 그렇지는 않습니다. 중용은 그저 가만히 있으라는 것이
아니거든요. 한가운데를 달리라는 말이지요. 예를 들어, 마라톤
을 할 때 길 가운데로 달리지 않고 길가를 달리다 보면 간판에 부
딪힐 수 있겠지요? 그러지 말고 달리려면 한가운데로 달리라는
겁니다. 한가운데를 달리면 아무리 속력을 내도 안전하니까요.
그것을 가르치는 것이 바로 중용입니다.

젊은이가 이리 갔다가 저리 갔다가 하는 것을 막는 것이 아닙
니다. 그게 아니라 길을 제시하는 겁니다. 이 길로 나아가라는 것
이지요. 그런 길을 주지 않으면 아무리 넓은 길도 좁아질 때가 있
으니까 위험하고 때로는 간판에 부딪히기도 하지요.(웃음) 나는
그런 것이라고 생각합니다.

16

지식은
무거운 짐이 되기도 한다

오직 그 사람만이 100퍼센트 활용할 수 있는 무언가가 있습니다.
'지식'을 늘림과 동시에 그 지식을
100퍼센트 활용하고 있는지 생각해 보세요.

제 고향은 와카야마현입니다. 그리고 이곳 고야산도 와카야마현입니다. 와카야마현에서 어떤 사람이 배출되었는가 하면, 벤케이弁慶(헤이안 시대 말기의 승려, 미나모토노 요시쓰네源義経를 도와 활약했다)도 와카야마현 사람입니다. 이 사실은 저도 몰랐습니다. 그런데 작년에 와카야마 시장님과 만나 이야기를 하다가 "자네, 벤케이가 어디 사람인지 아나?", "글쎄요. 교토 사람인가요?", "아니야. 바로 우리 현 사람이라네."라는 대화가 오간 덕분에 벤케이가 구마노 벳토熊野別当(구마노의 세 신사神社를 총괄하는 관직) 집안에서 태어난 사람이라는 것을 처음으로 알았습니다.

이 벤케이는 참으로 훌륭한 사람입니다. 옛날에 히에이잔比叡山과 고슈江州(오미近江의 다른 이름으로, 지금의 시가현에 해당)의 미이데라三井寺가 싸움을 한 적이 있습니다. 역시 종교도 싸움을 할 때가 있는 모양입니다. 어쨌든, 그때 벤케이가 히에이잔에 걸려 있던 종을 미이데라까지 끌고 갔다고 합니다. 참으로 엄청난 장사입니다. 이 일화가 사실인지 아닌지는 직접 보지 못했으니 알 수 없지만, 장식 부분이 닳은 것이 그 증거라고 합니다. 이것이 종을 끌고 가는 도중에 돌이나 흙에 부딪혀 닳은 흔적이라고 설명하는데, 그것은 저도 본 적이 있습니다.

그런데 그때 그 종 옆에 벤케이의 일곱 가지 도구라는 것이 있었습니다. 나기나타薙刀(중국의 언월도와 비슷한 무기. 긴 자루 끝에 끝이 휘어진 칼이 달렸다)와 톱 등 일곱 가지 무기였습니다. 그중에서 나기나타 하나만 해도 저로서는 들지도 못할 만큼 컸는데, 그런 무기를 일곱 개나 가지고 있으면서 필요할 때 사용했다는 것입니다. 정말 엄청난 호걸입니다. 그런데 그때 저는 이런 생각을 했습니다.

'이 일곱 가지 도구는 분명 훌륭한 무기이지만 벤케이이기 때문에 자유자재로 다룰 수 있었어. 만약 나라면 일곱 개씩은 필요

없지. 아니, 하나만으로도 기진맥진할 거야. 그러니까 난 적과 싸울 수 있을 만큼의 기량이 못 돼.'

이 생각을 조금 확장해 보겠습니다. 우리가 지닌 지식은 말하자면 벤케이의 일곱 가지 도구 중 하나입니다. 혹은 일곱 가지 도구 전부라고도 할 수 있겠지요. 지식이라는 것은 그 사람 자체가 아닙니다. 일곱 가지 도구가 벤케이 자체가 아닌 것과 마찬가지로, 오늘날의 과학이라든가 지식은 벤케이가 가지고 있던 나기나타나 칼, 창과 같은 무기라고 보면 될 것입니다.

그러므로 이것은 매우 무거운 것입니다. 따라서 지식이 점점 늘어나는 것은 좋은 일이지만, 그 지식을 활용할 수 있는 벤케이가 있어야 합니다.

그런데 벤케이라는 '사람'을 키우는 것은 뒷전으로 미루고 먼저 일곱 가지 '도구'만을 모두에게 주고자 대학을 잔뜩 만들었습니다. 그 결과 일곱 가지 도구는 많이 갖추었을지 모릅니다. 문제는 그 일곱 가지 도구, 즉 지식을 사회나 국가를 위해, 혹은 서로를 위해 효과적으로 사용하고 있느냐는 점입니다. 오히려 그 일

곱 가지 도구가 무거운 짐이 되지는 않을까 걱정입니다. 물론 이
렇게 말하면 "그런 생각도 일리는 있을지 모르지만, 대부분은 인
간으로서도 성장했으니 걱정할 필요 없어."라고 반론할지 모릅니
다. 정말 그렇다면 다행이겠습니다만, 과연 현재의 상황은 어떨
까요?

17

현명함과
열정

현명함만으로는 부족합니다.

현명함만으로는 새로운 것을 낳지 못합니다.

어느 정도의 재능과 학식이 있다면

그다음에 필요한 것은 '열정'입니다.

'어떻게든 하고 싶다.'라는 강한 열정이

새로운 것을 만들어 냅니다.

결국, 최선을 다해 진리를 터득해야 합니다. '하자.'라는 열정이 있으면 새로운 것을 만들 수 있습니다. 새로운 것을 만드는 방법에는 지혜와 재주로 만드는 것과 열정으로 만드는 것 등 여러 가지가 있습니다. 저는 열정으로 만든 것이 진짜라고 생각합니다. 현명함으로는 새로운 것이 탄생하지 않습니다. 설령 새로운 것이 탄생해도 그 깊이가 얕습니다. '어떻게든 하고 싶다.'라는 강한 열정이 있어야 새로운 것을 생각해 낼 수 있습니다. 원래 둔한 사람이라면 아무리 열심히 노력해도 좋은 지혜가 나오지 않을지 모르지만, 어느 정도의 재능과 학식이 있는 사람이라면 현명함은 열정을 이기지 못합니다.

석가모니도 현명했다면 왕궁을 나오지 않아도 깨달음을 얻을 수 있었을 것입니다. 하지만 그는 그다지 현명하지 못했는지도 모릅니다. 그래서 어떻게든 깨달음을 얻고 싶다는 마음에서 왕궁을 뛰쳐나와 산으로 가서 제대로 먹지도 못하는 상황에서도 개의치 않고 오직 진리를 추구하려 했던 것이지요. 그만큼 진리를 향한 뜨거운 열정이 있었던 것입니다.

석가모니도 열심히 진리를 추구하지 않았다면 왕궁을 뛰쳐나오지 않았을 것입니다. 석가모니는 황태자였습니다. 즉 황태자라 해도 열정이 없다면 그런 행동은 할 수 없습니다.

현명함만으로는 부족합니다. 현명함과 함께 '열정'이 있어야 합니다. 현명하기만 한 사람은 곤란합니다. 이론만 늘어놓기 때문입니다.

18

인간의
값어치

옛 무사 시대에는 문무를 겸비함과 동시에,

자비와 자애의 마음을 갖추고 있는지가

매우 중요하게 여겨졌습니다.

그러한 태도가 곧 무사의 진정한 품격이자 값어치로 평가되었지요.

자신이 강하다고 해서 혹시 다른 사람을 내려다보지 않습니까?

약한 사람을 상대할 때도 거들먹거리지 않고

진심으로 대하십니까?

저는 중학교 과정조차 마치지 못했습니다. 하지만 어린 시절 꼬마 점원, 수습 점원으로 일하며 장사하는 법은 물론, 단골손님을 소중히 대하는 태도와 말투, 응대하는 방식까지 하나하나 배워 나갔습니다.

예를 들어서 주인집의 친척에게 심부름을 갑니다. 편지가 든 편지 상자를 들고 갑니다. 요즘은 편지 상자에 편지를 넣어서 다니는 일은 거의 없습니다만 이건 제가 어렸을 때, 그러니까 지금으로부터 50년도 더 전의 이야기입니다. 편지 상자를 들고 친척 댁에 도착하면, 가장 먼저 해야 할 일은 인사였습니다.

"어디 어디에서 왔습니다. 오늘은 날씨가 참 좋네요. 모두 평안하십니까?"

두 손을 모으고 이렇게 인사하라는 예의범절까지 철저히 배웠습니다. 돌이켜 보면 그것은 참으로 중요한 일이었다는 생각이 듭니다.

다른 사람을 대할 때 단순히 용건만 전하면 된다고 생각해서는 안 됩니다. 조금만 더 정감 있게 행동한다면, 같은 용건이라도 훨씬 원만하게 마무리할 수 있습니다. 예를 들어, "이 편지 상자를 열어보시오."라고만 말한다면, 대화의 흐름이 딱딱해질 수도 있습니다. 그래서 제가 방금 말씀드린 것처럼, 용건을 전하기에 앞서 먼저 인사를 건네는 것이 중요합니다.

그러면 상대방은 "그래? 수고가 많구나. 저쪽에 올려놓으렴."이라고 말합니다. 편지 상자를 올려놓고 기다리면 상대방은 편지를 읽고 "잘 알았다. 돌아가면 이렇게 말해 주렴."이라고 말합니다. 그러면 저는 "네, 알겠습니다."라고 대답하고 돌아오는데, 그때 "자, 이건 수고비란다."라면서 만주 한 개를 주셨습니다. 그게 저에게는 커다란 즐거움이었습니다. 당시는 만주 한 개가 저에게 너무나도 큰 기쁨이었거든요.

이런 대화 속에 인간 생활의 정이라고 할까, 멋이 있는 것입니다. 물론 지식이나 기술도 매우 중요합니다. 그것 없이는 오늘날의 사회를 제대로 유지해 나갈 수 없지요. 하지만 지식이나 기능을 배우는 동시에 인간으로서의 생활 태도, 바람직한 마음가짐은 무엇일지 곰곰이 고민해 봐야 합니다. 이것이 교육입니다. 훌륭한 교육이란 지식이나 기술을 가르치는 것만이 아닙니다. 그 밖에 인간으로서의 훌륭한 마음가짐을 배워야 합니다. 그런 마음가짐이 있으면 배운 지식과 기능을 활용하는 법도 달라집니다.

옛말 중에 "강하기만 하다고 무사가 아니다."라는 말이 있습니다. 자비심도 있어야 하고 배려심도 있어야 합니다. 상대가 약한 사람이더라도 거들먹거리지 않고 진심으로 대해야 합니다. 또 상대가 악한 사람일 때는 그가 아무리 강하다 해도 자신의 몸을 던져서라도 응징하는 용기가 필요합니다. 이것이 무사의 진정한 멋입니다.

무사는 무술이 매우 뛰어나야 합니다. 또 한편으로 학문도 갈고닦아야 합니다. 하지만 그것만으로 충분한 것은 아닙니다. 역시 자비심이 있어야 합니다. 다른 사람에 대해 자애의 마음을 키워야 합니다. 그래서 옛날에는 강하기만 하다고 무사가 아니라며 무사로서 수업을 쌓았던 것입니다.

무사인 이상 검술이 약해서는 곤란합니다. 쉬지 않고 무술 수련을 해서 무사로서 강해져야 합니다. 공부도 철저히 해야 합니다. 그러나 학식이 있고 강하다고 해서 그것으로 충분한가 하면 결코 아닙니다. 자비심과 자애의 마음을 충분히 갖추고 있어야 합니다. 이것이 진정한 무사의 가치였기에, 옛날 무사들은 이를 목표로 수업을 쌓았던 것입니다.

그러므로 단순히 자신이 강하다고 해서 '저 녀석, 마음에 안 드는데 손 좀 봐줄까?'와 같은 일은 결코 없었습니다. 자신이 강하더라도 자세를 낮추고 세상 사람들을 진심으로 상대했습니다. 악한 사람에 대해서는 때에 따라 자신이 지닌 무력과 무술로 응징해야 하지만, 강하다고 해서 남을 업신여기는 일은 없었습니다.

19

자신을
칭찬할 정도의 일

남에게 좋은 평가를 받는 것은 분명 기쁜 일입니다.

하지만 하루를 마치며

'오늘은 나 자신이 봐도 참 잘해 냈어.'라고

스스로를 칭찬할 수 있는 사람,

그리고 그런 태도를 꾸준히 이어갈 수 있는 사람이야말로

진정한 성공을 이루었다고 말할 수 있지 않을까요?

저는 여러분의 성원에 힘입어 마쓰시타 전기를 운영하고 있습니다. 장사를 시작하고서 오늘까지 48년이 지났습니다만, 솔직히 말씀드리면 그사이 그다지 계획성 있게 회사를 경영하지는 않았던 듯합니다. "무슨 소리야? 마쓰시타 전기는 그 나름대로 계획성 있게 운영되고 있을 거야."라고 말씀하실는지도 모르지만, 솔직히 말해 저는 그다지 멀리 바라보며 경영을 하지는 않았습니다.

그보다는 그날그날을 소중히 생각하며 일해 온 덕분에 오늘이 있게 된 것이라 여겨집니다. 당시를 되돌아보면 커다란 공장을 짓자는 식의 원대한 계획 같은 것은 없었습니다. 내일, 모레, 다음 달에는 뭘 할지 정도는 생각한 적도 있지만, 솔직히 말씀드리면 대개는 그날의 일을 소중히 생각하며 일해 왔습니다.

오늘을 소중히 여기면서 오늘을 충실히 보내고 내일을 맞이합니다. 그러면 아침과 저녁 사이에 약간의 진보가 있을 것입니다. 그날을 소중히 여김으로써 하루 사이에 어느 정도의 진보를 이루는 것이죠. 다음 날에는 그 위치에서 시작하고 저녁이 되면 조금 더 진보한 상태에서 그다음 날을 맞이합니다. 바로 이러한 과정의 연속이 아니었나 싶습니다.

저는 제가 살아온 경험을 바탕으로 제 주변에 있는 청년들에게 때때로 이렇게 말합니다.

"흔히 책을 보면 꿈을 잃어서는 안 된다고 나와 있는데, 그것도 하나의 관점이므로 그 자체를 부정할 생각은 없네. 하지만 꿈을 바라보다가 현실을 잊어서는 안 된다네. 그러니까 그날 할 일을 소중히 여기도록 하게. 내일은 내일의 태양이 뜨지 않겠나? 그보다는 오늘을 소중히 여기는 것이 중요한 법이야."

제 과거를 되돌아보고 내린 결론은 이렇습니다.

그렇게 그날그날을 소중히 여기며 일하면 그것이 쌓이며 반드시 한 발씩 진보하게 됩니다. 그리고 이것이 마침내 커다란 성과와 신용으로 이어지며, 단골 고객을 기쁘게 하는 결과로 이어지지 않을까 생각합니다.

지금도 기억이 납니다. 초기에 대여섯 명이 일하던 시절입니다. 여름이었기 때문에 일이 끝나면 대야에 물을 받아 몸을 씻었습니다. 목욕탕이 없기도 했지만, 당시는 물을 끓여 놓고 대얏물로 몸을 씻는 것이 널리 습관화되어 있었습니다. 저는 하루 종일 일한 다음, 대야에 물을 받아 땀을 씻어 내고 밥을 먹었습니다. 그렇게 몸을 씻다가 문득 '오늘은 내가 생각해도 아침부터 참 열심히 일했구나.'라는 느낌을 받은 기억이 나는데 그럴 때마다 매우 만족스러운 기분을 맛봤습니다.

그때는 거액의 부를 얻는 기쁨이 어떤 것인지 몰랐습니다. 다만 '아아, 오늘은 내가 생각해도 참 열심히 일했구나.'라고 자신을 스스로 칭찬할 때의 그 기쁨은 지금도 잊을 수가 없습니다.

남들에게 좋은 평가를 받는 것도 물론 기쁘고 뿌듯한 일입니다. 그러나 그보다는 스스로 자신을 평가한다고나 할까, 자신을 칭찬한다고나 할까, 그런 기분이 계속된다면 그 사람은 이른바

110

성공한 사람이라는 느낌이 듭니다.

일의 양 같은 것은 둘째 치고, 그것이 어떤 일이든 그런 기분을 느낄 수 있는 사람은 반드시 그 분야에서 크든 작든 훌륭한 성과를 올릴 수 있다고 확신합니다. 그러므로 그런 의미의 성공은 어느 정도는 마음먹기에 따라 얻을 수 있는 것이 아닐까 싶습니다.

20

화내는 사람은
실력이 없다

화를 내야 할 상황에서도 감정을 앞세우지 않고,

조용히 깊이 생각하며 자신이 해야 할 일을 묵묵히 해냅니다.

그것이야말로 실력 있는 사람의 일하는 방식입니다.

세상에는 쉽게 화를 내는 사람들이 있습니다. 그것은 곧 실력이 부족하다는 증거입니다. 반면, 화를 내야 할 상황에서도 감정을 자제하고, 깊이 생각한 뒤 자신이 해야 할 일을 묵묵히 해내는 것, 그것이야말로 진정 실력 있는 사람의 일하는 방식이라고 생각합니다.

일에는 지식이나 기술 등 여러 가지 요소가 있습니다. 철저히 자신의 일에 몰두하는 모습과 행동, 다양한 요소를 바탕으로 종합적인 실력이 만들어지는 법입니다. 단순한 지혜나 힘, 학문 같은 것은 저보다 훨씬 뛰어난 사람이 얼마든지 있습니다. 그러나 이런 사람이 반드시 경영을 잘하는 것은 아닙니다.

현명한 사람은 사물의 시비를 분간하는 능력이 뛰어납니다. 이것은 좋은 일입니다. 하지만 그 때문에 화를 내게 됩니다. "이런 괘씸한!"이라며 화를 냅니다. 현명함이 오히려 큰 폐해를 일으키는 것입니다. 그렇다면 현명하지 못한 사람은 시비를 분간하지 못하기 때문에 잘못된 행동을 할까요? 아닙니다. 대부분의 사람은 기본적인 상식을 갖추고 있기 마련입니다. 그렇게 생각해 보면, 오히려 현명한 사람이 화를 내지 않아도 될 일에 불필요하게 분노함으로써 스스로 손해를 입는 경우도 있지 않을까 싶습니다.

21

순조로운 때일수록
힘들었던 시기를 기억하라

사람은 일이 순조롭게 풀리면 힘들었던 시기를 잊어버립니다.

특히 세 번 연속으로 일이 순조롭게 진행될 때는 더욱 위험합니다.

그러한 흐름 속에서 위험의 조짐을 알아차릴 수 있는가.

그것이야말로 매우 중요한 능력입니다.

다른 사람을 의식하지 않고 열정을 쏟는 것은 때로는 좋은 일입니다. 그러나 언제나 그런 식으로만 앞뒤 재지 않고 열을 올리다 보면, 결국 큰 실패로 이어질 가능성도 있습니다. 그리고 그런 실패의 조짐은 어쩌면 이미 오늘날의 사회 정세 속에 조금씩 드러나고 있는지도 모릅니다. 청소년 범죄가 많이 늘어난 것도 그 조짐 중 하나가 아닐까요. 또 최근에는 사회적, 경제적으로 볼 때 모든 회사가 자금 부족 현상을 겪고 있습니다. 그래서 지급 기일이 자꾸만 연기되고 있습니다. 그뿐만 아니라 은행에서도 돈이 부족하다는 이야기가 들려옵니다. 이것은 신문에서도 매일 같이 떠들고 있으니 여러분도 아시리라 믿습니다. 이것도 그런 조짐의 하나라고 생각합니다.

그러나 달리 보면 사람은 일이 순조롭게 풀리면 힘들 때를 잊기 마련입니다. 일이 순조롭게 풀려도 힘들 때를 잊지 않는 사람이 훌륭한 사람입니다.

"이겼을 때 투구 끈을 조여라."라는 말이 있습니다. 이것은 그런 현상을 크게 경계하는 말입니다. 인간이라는 동물은 일이 순조롭게 진행되면 세상이 만만하게 보입니다. 나는 잘났고 세상은 다 바보처럼 보입니다.

세 번 모두 일이 잘 풀리면 오히려 그것이 위험 신호가 될 수 있다는 말입니다. 반면, 세 번 중 한 번쯤은 작게라도 실패를 겪는다면, 그것은 오히려 경계심을 일깨워 주는 '유익한 실패'가 됩니다. 세 번 중 두 번은 성공하고 한 번은 실패하는 패턴이 반복된다면, 오히려 큰 실수 없이 일들이 안정적으로 진행될 수 있다고 생각합니다.

그만큼 사람은 철없는 존재입니다. 일이 조금 잘 풀리면 기고만장해져서 흥청망청 먹고 마십니다. 그리고 이것저것 마구 주며

인심을 쓰다가 결국은 모든 것을 잃고 맙니다. 그렇게 되기 쉬운 존재가 바로 인간입니다.

　지금 일본 전체에 그런 조짐이 조금씩 나타나고 있습니다. 하지만 저는 생각하기에 따라서는 매우 좋은 분위기라고 보기도 합니다. 그런 조짐을 깨닫는다면 허리띠를 졸라매고 다시 시작할 수 있을 테지요.

22

젊음은
소중하다

노인이 다시 젊어지는 것은 불가능한 일입니다.

당신은 젊다는 사실 그 자체만으로도

이미 큰 자산이며, 대단한 일입니다.

그러니 젊음의 소중함을 깊이 되새기며,

그 시간을 어떻게 활용할지 고민하고

효과적으로 살아가는 것이 무엇보다 중요합니다.

여러분에게 이야기하고 싶은 것은, 청년 시절은 번개처럼 지나가기 쉽다는 사실입니다. 5년, 10년쯤은 순식간에 지나가 버립니다. 저도 올해 만 69세가 됩니다. 옛날 같으면 70세이므로 이제 할아버지입니다. 그런데 지나간 과거를 되돌아보면 마치 일순간 같은 느낌이 듭니다.

옛사람들은 "광음光陰(세월), 화살과 같네."라고 말했습니다. 세월은 화살처럼 빠르게 흐른다는 의미입니다. 생각해 보면 분명히 그러합니다. 저 또한 제 자신을 바라보면서 '도대체 언제 이렇게 나이를 먹었을까? 다시 한번 젊어지고 싶구나.'라고 아쉬워합니다. 그러나 이것만큼은 도저히 불가능합니다. 아무리 신에게 기도해도, 또 아무리 돈을 많이 써도 예전으로 되돌아갈 수는 없습니다.

여러분은 제가 가지지 못한 것을 가지고 있습니다. 그것은 바로 여러분의 젊음입니다. 그것만으로도 여러분은 대단합니다. 아무리 제가 여러분과 경쟁해도 안타깝지만 이것만큼은 이길 수가 없거든요.

문제는 그 젊음을 여러분이 얼마나 의식하고 있느냐는 점입니다. 젊으니까 거칠게 행동하라는 의미가 아닙니다. 젊음의 소중함을 곱씹으며 그 젊음을 더욱 효과적으로 활용하는 것이 중요하다는 말입니다. 세월이라는 것은 순식간에 지나가 버리므로, 젊을 때인 지금이 가장 중요한 시기입니다.

23

서로 사랑하고
사랑받는 관계

우리나라를 좋은 나라로 만들고 싶다면,

무엇보다 먼저 이 나라를 소중히 여기고 사랑하며,

그 정체성과 가치를 스스로 자각하는 것이 필요합니다.

그리고 각자 맡은 일에 몰입하며 기쁨을 느끼고,

나아가 서로를 사랑하고 사랑받는 관계 속에서

함께 미래를 향해 나아가야 합니다.

저는 여러분이 우리나라가 앞으로 더욱 발전해 나가리라는 기대를 품고, 그 발전을 이끌어낼 우리의 전통적인 힘과 소질을 분명히 자각하기를 바랍니다. 그리고 그러한 인식과 자각을 바탕으로 적극적으로 행동하며, 나라의 미래를 함께 만들어 가기를 진심으로 바랍니다.

제가 볼 때, 일본인이면서도 일본인이라는 의식이 없는 사람이 상당히 많은 것 같습니다. 저는 그런 사람들이 일본을 발전시킬 수 있다고는 결코 기대하지 않습니다.

나라를 소중히 여기고 사랑하며 나아가 그 존재를 자각하고, 그런 의식 위에서 자신의 사업이나 일을 지켜 나갈 때, 자신의 일에 푹 빠져서 기쁨을 느낄 때 일본은 점점 새로운 나라로 발전할 것입니다.

특히 전기 업자는 시대의 첨단을 담당하므로, 그 점에서 또 하나의 겸허한 자부심을 느껴도 좋겠지요? 그리고 서로 사랑하고 사랑받으며 평화롭고 번영하는 일본을 함께 만들어 가기 위해 끊임없이 노력해야 합니다.

3장

일에서
성공하기 위해
대답해야 할 것들

스스로에게 먼저 물어보자.

나의 인생에서 추구해야 할 것은 무엇인가?

추구하는 것을 이루기 위하여 나는 무엇을 해야 하는가?

성공을 추구하기 전에 진정한 성공이란 무엇인가?

마지막으로 나는 세상에 무엇을 줄 수 있는가?

24

할 일을 찾아내려고
노력하고 있는가

주의 깊게 세상을 바라보면,
우리가 해야 할 일은 얼마든지 있습니다.
일이 없다고 한탄하는 것은,
어쩌면 진심으로 일을 찾으려는 노력이
부족하기 때문이 아닐까요?

오늘은 비가 내려서 도로 사정이 매우 나빴습니다. 자동차가 흙탕물을 튀길 때마다 참으로 미안한 마음이 들었습니다. 미국에 가면 아무리 시골이라 해도 도로는 전부 포장이 되어 있다고 하는데, 이곳의 큰길은 꽤 중요한 간선 도로인데도 아직 포장이 되어 있지 않습니다. 이런 도로들은 빠른 시일 안에 꼭 포장이 되기를 바랍니다.

　　물론 관청에서 관리하는 것이므로 저희의 뜻대로 되지는 않습니다만, 공사를 시작하면 노동력과 물자가 다량으로 투입되는 사업이 될 것입니다.

　　도로뿐만 아니라, 주의해서 살펴보면 세상에는 해야 할 일이 얼마든지 있습니다.

일이 없다고 한탄하는 사람은 진정으로 일을 찾아내려고 노력하지 않기 때문이 아닐까요.

저는 오늘 아침 차 안에서 일이란 아무리 해도 새로운 일이 계속 생겨난다는 사실을 배우고 큰 힘을 얻었습니다.

25

당신의 '일'은
죽지 않았는가

도저히 마음이 내키지 않는 일이라면 억지로 해서는 안 됩니다.
진심으로 재미를 느끼고,
마음에서 우러나는 일을 찾아 몰두하십시오.
이것은 직종뿐만 아니라 직급에 있어서도 마찬가지입니다.
마음이 따르지 않으면, 그 일은 결국
생동감을 잃은 '죽은 일'이 되고 맙니다.

일이라는 것은 때때로 마음에 들지 않을 수도 있는 법입니다. 또한 자신과 잘 맞지 않는 일을 하게 되면 쉽게 피로를 느끼고, 심할 경우 머리가 아파 조퇴를 해야 할 때도 있습니다. 반대로, 그 일이 재미있고 즐겁게 느껴진다면, 약간의 두통쯤은 금세 사라질 만큼 회복력이 생기기도 합니다. 이처럼 자신이 하는 일에 얼마나 흥미를 느끼고 몰두하느냐는, 삶의 만족도와 성과에 있어 매우 중요한 요소라고 생각합니다.

그렇게 본다면, 도저히 마음에 들지 않는 일은 애써 계속할 필요가 없습니다. 그보다는 과감히 바꾸어, 자신이 재미있다고 느끼고 좋아하는 일에 몰두하는 것이 좋습니다. 억지로 맞지 않는 일을 계속하다 보면 일의 질도 떨어지고, 결국 본인도 힘들어지기 마련입니다. 그러니 재미없는 일을 억지로 좋아하려 애쓸 필요는 없습니다. 모두가 재미있게 일하며 그 힘이 모였을 때 커다란 성과로 나타나는 것이 아닐까 싶습니다.

우리는 어떻게 하면 모두가 재미있게 일할 수 있을지, 어떻게 해야 모두를 적재적소에 배치할 수 있을지 고민해야 합니다. 예를 들어 A라는 집단과 B라는 집단을 비교해 보지요. A라는 집단은 대체로 적재적소에 사람을 배치하지만, B라는 집단은 그러지 못한다면 두 집단 사이에는 큰 차이가 생깁니다. 그러므로 직원들을 될 수 있는 한 적재적소에 배치해 즐겁게 일할 수 있도록 하는 것이 회사 경영의 커다란 과제라고 봅니다.

이러한 커다란 과제를 경영자의 자리에 있는 사람이 고민하는 것은 당연하지만, 경영자 한 사람에게만 그것을 요구해서는 안 됩니다. 물론 경영자도 고민하지만, 여러분도 스스로 이에 대해 궁리해 친절한 의미에서 제안해야 합니다. 친절한 의미에서 그것을 요구해야 합니다. 그리고 모두가 적재적소에 배치될 수 있도록 함께 노력해 나가야 합니다.

자신은 현재 과장직을 맡고 있지만 과장보다 구성원으로 일하는 편이 힘이 나는 경우도 있을 것입니다. 그럴 때는 "저는 지금 과장으로 일하고 있지만, 과장이라는 자리와 업무는 저에게 적임이 아닌 듯합니다. 그래서 과장직에서 물러나고 싶습니다. 평사원이 되면 더 활기차게 일할 수 있을 것 같습니다."라고 제안할 필요가 있습니다. 하지만 일본에서는 그런 일이 거의 없습니다. 이것은 진정으로 일에 몰두하고 있는가, 업무를 이해하고 그 업무의 소중함을 느끼고 있느냐와 관계가 있지 않나 싶습니다.

일본의 회사나 관청 시스템에서는 대부분 직급에 따라 급료가 결정됩니다. 이 사람에게 월급으로 10만 엔을 주고 싶지만 평사원에게는 줄 수 없다, 과장이 되어야 그런 월급을 줄 수 있다, 그러니 과장으로 승진시켜야 한다는 식입니다.

오히려 과장으로 승진시키지 않고 평사원으로 두는 편이 더 나은 경우도 있습니다. 실력을 발휘하며, 자신의 업무에서 즐거움을 느끼는 사람이라면, 그 사람에게 가장 잘 맞는 방식으로 대우해 주는 것이 바람직하겠지요. 하지만 일본에서는 그럴 수가 없습니다. 그래서 굳이 과장으로 승진시키고 이 때문에 그는 매우 곤란해집니다. 이런 일은 미국보다 일본에서 훨씬 많이 일어나는 듯이 보입니다.

제 경험을 말씀드리자면, 50년간 회사를 경영하면서 지금까지 수천 명에 이르는 사람들이 과장이 되었습니다만, "과장이 되어 주십시오."라고 말했을 때 거절을 당한 적은 한 번도 없었습니다.

"사장님, 죄송하지만 그건 좀 곤란합니다."

"왜 곤란하다는 건가?"

"저는 지금 하고 있는 일이 가장 좋습니다. 과장에는 다른 적임 자가 있지 않겠습니까?"

이렇게 말한 사람은 한 사람도 없었습니다.

"과장이 되어 주십시오."라고 하면 모두들 "고맙습니다. 열심히 일하겠습니다."라고 대답했습니다. 저는 언젠가 마쓰시타 전기를 비롯해, 일본 사회 각 분야에서도 그런 일이 자연스럽게 일어나는 날이 오기를 바랍니다. 그래야만 비로소 진정한 의미에서 적재적 소, 즉 사람을 가장 알맞은 자리에 배치할 수 있게 될 것입니다.

26

'사랑받는 회사'를 만들라

여러분은 경쟁 회사의 장점을 찾아내고,

그것에 공감하고 있습니까?

그리고 경쟁 회사로부터 자사의 약점을

솔직하게 지적받을 수 있을 만큼,

우리 회사는 신뢰받고 사랑받는

'좋은 회사'로 인식되고 있을까요?

지금까지는 아주 작은 규모의 마쓰시타 전기에서 시작하여 최하위에서 점점 성장해 1년, 2년, 3년⋯ 60년이 흐르는 사이에 매출 합계가 최정상이 되었습니다. 그런데 요즘 들어와 그 성장이 멈췄습니다. 그러면 최정상의 자리는 다른 회사로 넘어갑니다. 또 매출뿐만 아니라 제품 전반에 걸쳐 2등이 될 가능성이 보이고 있습니다.

이런 상황을 고려했을 때, 여러분이 좀 더 상대방의 장점을 순수한 눈으로 찾아내지 않으면 곤란합니다. 상대방을 비난해서는 안 됩니다. 상대방의 좋은 점을 찾아내 공감해 줘야 합니다. 그러면 "마쓰시타의 이런 점이 문제라고 생각하는데, 이렇게 하면 어떻겠습니까?"라며 경쟁 회사가 우리의 약점을 파악해 가르쳐 줄 것입니다.

그런데 실제로는 어떻게 해서든 마쓰시타를 골탕 먹이려는 의지가 강합니다. 필요 이상으로 그런 의지가 강하다는 것은 우리가 사랑받지 못하고 있다는 증거입니다. 혹은 일부 오해가 있을지도 모릅니다. 오해를 받아 그렇게 생각되고 있는지도 모르지만, '마쓰시타 전기는 참 좋은 회사야.', '우리를 걱정해 주고 있어.'라는 인식을 심어 주시기 바랍니다.

27

스스로 자신을
키우고 있는가

자신의 열정과 궁리 없이, 또는
자신을 키워 나간다는 자각 없이 성장은 불가능합니다.
적절한 지도자가 있으면 좋겠지만, 없다 해도 상관없습니다.
스스로 생각해 나가는 것이 진정한 수련이며
성장하는 길이라고 생각하십시오.

마쓰시타 전기가 오늘날까지 걸어온 40년이라는 세월 동안, 저희는 누구에게서도 경영은 이렇게 하라거나 저렇게 하라는 가르침을 받지 않았습니다. 하지만 치열한 경쟁의 무대에 서서 단골 거래처를 비롯한 많은 분에게 여러 가지 불만과 잔소리, 기대, 주의를 받는 사이에 경영은 어떻게 해야 하는지, 물건은 어떻게 만들어야 할지를 스스로 궁리해 터득함으로써 지금에 이를 수 있었습니다.

그 과정에서 회사는 적지 않은 고생을 겪었습니다. 하지만 그 고생이 있었기에 오늘날의 마쓰시타 전기가 존재할 수 있었던 것입니다. 만약에 매우 좋은 기관이 하나 있어서 회사의 경영은 이렇게 하고 가격은 이렇게 정해라, 가격을 붙였으면 이렇게 팔라는 식으로 가르쳐 준다면, 그리고 그것이 전부 맞아떨어진다면 참 편할 것입니다. 시키는 대로만 하면 되니까 말입니다. 하지만 현실에는 그런 기관이 있을 리 없습니다.

현재 존재하는 모든 회사는—시작했지만 망한 회사는 별개이지만—수많은 시행착오와 궁리를 거듭하며 오늘에 이르렀습니다. 게다가 그것을 자신의 힘으로 터득했습니다. 이렇게 성장해 온 기업도 만일 그 노력을 게을리하거나 도리에 어긋나는 행동을 하게 되면 곧 경쟁의 무대에서 낙오하게 됩니다. 이 점은 여러분 개인에게도 그대로 적용되는 진리입니다.

여러분은 앞으로 직장을 얻을 것입니다. 여러분이 기술자이든 사무원이든, 열정과 궁리가 없다면 그 직장에서 성공을 거둘 수 없습니다. 학교 선생님이 여러분을 올바르게 지도해도 여러분 자신에게 열정이 없다면 어찌할 방법이 없습니다. 다행히 여러분은 열정을 품고 학교 선생님의 가르침에 부응한 덕분에 지금 이 자리에 있을 수 있었습니다.

회사가 여러분을 훌륭히 성장시키고자 몰두할 수는 없을 것입니다. 회사는 여러분에게 직장과 일을 주고 여러분이 성장하기를 기대합니다. 여러분은 그것을 어떻게 해야 할지 생각하고 여러모로 궁리해 자신을 성장시킨다는 각오를 해야 합니다.

다행히 그 직장에는 주임이라는 적절한 지도자가 있습니다. 그 주임은 사람을 키우는 솜씨가 뛰어난 사람입니다. 만약 그런 직장과 주임을 만난다면 그 사람은 행운아입니다. 하지만 그런 적절한 사람만 있는 것은 아닙니다. 그렇지 못할 때가 오히려 더 많을 것입니다. 그럴 때는 어떻게 해야 할까요? 자신을 이끌어 성장시켜 줄 지도자가 있으면 여러분의 고생도 줄어들겠지만, 그렇지 않다고 해서 비관하거나 희망을 잃는다면 아무것도 할 수 없습니다. 오히려 저는 그런 적절한 지도자가 없는 곳에서 스스로 머리를 짜내며 일을 해결해 나갈 때야말로 진정한 수련이 가능하다고 믿습니다.

설득력을 높이기 위해
노력한다

교과서로 대화법을 공부하는 것만으로는

제 몫을 다하는 장사꾼이 되지 못합니다.

읽은 내용을 머릿속에만 담아 두지 말고,

실제 상황에서 직접 활용해 보십시오.

강한 의욕을 품고 실천을 통해 경험을 쌓으면

자기도 모르는 사이에 장사꾼으로서의 설득력을 갖추게 됩니다.

장사꾼이라면 '이것은 참 좋은 물건이야, 저 사람이 이걸 사면 분명 플러스가 될 거야.'라고 느꼈을 때는 상대방을 설득해 그것을 사도록 하는 데 성공해야 합니다. 그 설득력은 여러분이 평소에 갈고닦은 정신 또는 생각의 힘이 하나의 신념이 되어 생깁니다. 그러므로 그 일에 심혈을 기울이면 설득력은 자연히 생길 것입니다.

장사꾼이 설득력을 지니지 못하면 성공하지 못합니다. 어떤 물건을 권할 때도 그것을 파는 데 성공하느냐 성공하지 못하느냐에 따라 성과에 큰 차이가 생깁니다. 반드시 판매에 성공해야 합니다. 그러기 위해서는 그 상품을 살 사람이 상품에 대해 이해하고 '좋았어, 사자!'라는 기분이 되도록 이끌어야 합니다. 그런데 이렇게 이끌어 가는 대화의 힘이 약하면 좀처럼 성공하기 어렵습니다. 그 힘이 매우 강해야 합니다.

어떤 방식으로 상품을 권하는 것이 좋은지는 일반론으로 말하기가 어렵습니다. 모두 자신만의 개성이 있으므로 그 개성에 따라 권하는 방식도 달라집니다. 그리고 그 개성을 통해 설득력이 생겨야 합니다. 그 설득력은 단지 이론이나 기술만으로 생기는 것이 아닙니다. 서민들과 어울려 생활하고, 실전 속에서 끊임없이 배우는 과정 속에서 세상의 이치랄까, 사람들의 보편적인 감각이나 양식 같은 것을 어느 정도 체득해야 비로소 생겨나는 것이 아닐까 생각합니다. 단순히 교과서를 읽고 손님에게는 이런 식으로 말해야 한다고 공부하는 것만으로는 제 몫을 다하는 장사꾼이 될 수 없습니다. 수영 교과서를 읽는다고 금방 수영을 할 수 있게 되지는 않습니다. 물에 들어가서 코와 입으로 물이 들어와도 실제로 연습해야 비로소 헤엄칠 수 있게 됩니다. 교과서만 읽어서는 3년이 지나도 수영을 할 수 없을 것입니다.

이와 마찬가지로, 판촉 교과서를 100권씩 읽어도 결코 판매가

늘어나지는 않습니다. 물론 그 내용도 머릿속에 담아 둬야 하지만, 역시 실전을 통해 다양한 상황과 부딪쳐 봐야 합니다. 또 '꼭 이 상품을 팔고 싶어, 이 상품을 권하고 싶어, 이것을 권하는 건 손님을 위해서야, 물론 내 이익도 되지만 손님을 위한 것이기도 해, 그러니까 이 말은 꼭 해야 해.'라는 생각도 하시기 바랍니다. 여러 가지 상황을 겪기도 하겠지만 이렇게 실제로 부딪쳐 보면 그것이 쌓이고 쌓여 자기도 모르는 사이에 장사꾼으로서 설득력을 갖추게 되는 것이 아닐까요.

29

실수를
기회로 살려라

실수하는 것은 참으로 괴롭습니다.
하지만 바로 그 순간이야말로,
내 안의 진심을 상대에게 보여줄 수 있는 기회가 됩니다.
어쩌면 실수는 관계의 전환점이 될 수도 있습니다.

어떤 실수를 한다고 가정해 보겠습니다. 실수를 했으니 그 사람을 볼 낯이 없습니다. 사실 이런 경우는 얼마든지 있습니다. 하지만 이것도 생각하기 나름입니다. '생각지도 못한 실수를 해서 그 사람을 곤란하게 만들었어. 이거 혼나겠는걸.'라고 의기소침할 수 있지만, 그래서는 재미가 없습니다.

'이거 실수했군, 큰일이야, 하지만 실수를 했기 때문에 그 사람에게 이러이러한 이야기를 할 수 있는 기회가 생겼어, 심경을 호소할 기회가 생겼어, 이건 아주 좋은 기회야.'

이렇게 발상의 전환을 할 수도 있을 겁니다.

실수를 하지 않았을 때는 그저 평범한 대화밖에 할 수 없습니다. 큰 실수를 해서 그 사람을 아주 난처하게 만들었다면 상대는 크게 화를 낼 것입니다. 그러나 그때야말로 진솔한 이야기를 할 수 있습니다. 인연이 맺어질 수 있습니다. 저는 이렇게도 말할 수 있다고 믿습니다.

실수가 전환점이 되어 그 사람과 손을 잡게 되고, 자신의 진실한 모습을 보여 주고, 자신의 인간적인 면모를 알게 할 기회를 잡을 수도 있을 것입니다.

30

사소한 것을
소중히 여긴다

일을 의뢰받으면 반드시 그 진행 상황을 보고하십시오.

그러면 의뢰한 사람은 신뢰와 만족을 느낍니다.

이런 작은 신뢰의 반복이 쌓여,

점차 '없어서는 안 될 사람', '소중한 존재'로 자리잡게 됩니다.

그것이 바로 신뢰받는 관계의 첫걸음입니다.

또 한 가지, 여러분이 꼭 기억해 주셨으면 하는 점이 있습니다. 선배가 여러분에게 일을 부탁하는 경우가 있을 것입니다. 이때 중요한 것은 반드시 그 결과를 보고하는 것입니다. 예를 들어 선배가 "이곳에 전화 좀 걸어줄래? 원래 오늘 만나기로 했는데 상황이 여의치 않아. 내일로 약속을 변경하자고 전해 줘."라고 부탁했다고 가정해 봅시다. 여러분은 "알겠습니다."라고 답한 뒤 전화를 걸어 그대로 전합니다.

여기서 차이를 만드는 건 그 다음입니다.

"전화드렸습니다. 내일로 변경하는 걸로 하겠다고 하셨습니다."

이처럼 후속 보고를 분명하게 하는 사람이 있는 반면, 그냥 그 자리에서 끝내고 보고를 잊거나 생략하는 사람도 있습니다.

이것은 작지만 매우 큰 차이를 만듭니다. 반드시 결과를 보고해야 합니다. 하지만 일본인 가운데는 이 점을 소홀히 하는 경우가 많습니다. 반면, 외국인은 보고에 훨씬 철저한 태도를 보입니다. 겉보기엔 사소해 보일 수 있지만, 이런 태도가 결국 신뢰를 쌓는 결정적인 요소가 됩니다.

거래처로부터 어떤 일을 부탁받았다면, 그 내용을 사내에 전달했다고 해서 내 역할이 끝난 것은 아닙니다. 거래처에 "부탁하신 내용을 회사의 누구누구에게 말해 뒀습니다."라고 직접 말하거나 전화를 걸어 전합니다. 그러면 거래처는 '마쓰시타 전기 사람들은 참 성실하군.'이라며 만족할 것입니다. 거래처는 꼭 자신들에게 보고하지 않아도 부탁한 이야기를 제대로 전달만 해 줘도 만족할 수 있겠지요. 그래도 보고를 해 주면 크게 기뻐합니다. 이런 것을 철저히 하느냐 하지 않느냐는 큰 차이입니다. 철저히 하는 사람은 점점 신뢰를 쌓을 것입니다. 들은 이야기를 전하기만

할 뿐 '이렇게 했습니다.'라고 알려 주지 않는 사람이 있는데, 그런 사람은 결코 주위의 더 큰 신뢰를 얻지 못할 것입니다. 대단한 것은 아니지만 기억해 두시기 바랍니다.

최근 저는 그런 것을 자주 느낍니다. '저 사람에게 부탁했는데, 전화를 걸었을까?' 하고 신경이 쓰입니다.

"자네, 전화 걸었나?"

"네, 걸었습니다."

"알았네."

결국 이렇게 물어보게 됩니다. 이때 이미 전화를 걸었음을 어떤 기회에 슬쩍 알려 주면 이쪽도 안심이 됩니다. 일이 너무 바쁜 사람은 그것을 확인하지 못한 채 지나갈 때가 많습니다. 그런데 그것을 알려 준다면 참으로 고맙겠지요. 어찌 보면 별것 아닌 듯하지만, 이런 것이 결국 많은 사람의 신뢰를 얻어 소중한 사람, 없어서는 안 될 사람이 되는 첫걸음이라고 생각합니다.

대단한 사람이 될 수 있느냐, 큰일을 할 수 있느냐는 물론 그 사

람의 두뇌가 명석한가와도 큰 관련이 있습니다. 그러나 그 이상으로 큰 힘이 되는 것이 바로 이러한 사소한 일을 소홀히 여기지 않는 마음가짐입니다. 어려운 일은 할 수 있어도 평범한 일을 하지 못해서는 안 됩니다. 어려운 일보다 평범한 일이 더 중요합니다. 작은 일들을 차곡차곡 쌓아가는 것이 기초가 되고, 그 위에 장기간의 경험이 더해지면, 비로소 지혜와 재능이 살아나는 안정된 성장의 토대가 마련됩니다.

31

성의와 열정과
신념이 있는가

불만이 나온다는 건 어딘가에
그럴 만한 이유가 있기 때문입니다.
까다로운 거래처도 만족하게 할 수 있을 만큼의
성의와 열정, 신념이 있어야 합니다.

예전에 이런 기사를 읽은 적이 있습니다.

여기 두 스승이 있습니다. 한 스승은 제자를 아주 적절하게 이끌어 줍니다. 말하자면 가려운 곳을 긁어 주는 사람입니다. 제자로서는 참으로 편할 것입니다. 한편, 다른 스승은 매우 엄격하고 화를 잘 내는 사람입니다. 마음에 들지 않을 때는 심하게 꾸짖습니다. 어떨 때는 때리기도 하는, 이른바 난폭한 사람입니다. 누구도 그런 사람의 제자가 되고 싶지는 않을 테지요. 하지만 그런 스승 밑에서는 종종 명인이 탄생한다고 합니다.

그 기사를 보고 저는 여기에 커다란 진리가 담겨 있다고 생각했습니다.

장사를 생각해 보면, 우리가 만든 것을 팔러 갔을 때 "좋습니다."라며 순순히 상품을 사 주는 거래처가 있습니다. 반면, 아무리 좋은 상품을 만들어도 꼭 트집을 잡는 거래처도 있습니다. 속으로는 '참 곤란한 사람들이군' 하고 투덜거리게 되지만, 거래처에 화를 낼 수는 없기에 오히려 그들의 마음에 들기 위해 더 노력하게 됩니다. 이처럼 까다로운 거래처가 많은 만큼, 그들과 오랜 관계를 유지하려는 노력을 꾸준히 하는 회사는 결국 크게 성장하고 발전하게 됩니다.

저는 오랫동안 장사를 해 왔는데 마쓰시타 전기의 모든 상품을 분석하고 항상 잔소리해 주는 어려운 거래처가 있었기에 오늘날의 마쓰시타가 있다고 믿습니다. 저희가 만든 제품을 충분히 분석해 보지도 않고 무작정 사 주는 곳이 많았다면 그때는 행복했겠지만 조금도 공부가 되지 않았을 것입니다.

이런저런 불만을 듣는다는 것은 어딘가 불만을 들을 만한 이유가 분명히 있기 때문입니다. 어려운 거래처, 까다로운 거래처를 가진 업체는 일하기가 힘들어 보이지만 참고 견디며 그 거래처를 더욱 만족하게 하려고 노력한다면 실력과 생각이 크게 진보하고 힘이 부쩍 강해집니다. 이것은 제자와 스승의 사례와 같습니다. 때로는 무리하게 느껴지는 요구까지 해 오는 까다로운 거래처일지라도, 그들을 만족시킬 만큼의 성의와 열정, 그리고 신념을 갖고 있다면, 그 회사는 분명 꾸준히 성장하게 될 것입니다.

이것은 부모님도 마찬가지입니다. 대개 어머니는 매우 자애롭고 아버지는 엄격하십니다. 우리는 엄격한 아버지보다 다정한 어머니가 왠지 친근하고 좋아 보이지만, 그렇다고 다정한 어머니만 있어서는 안 됩니다. 강한 비바람을 맞지 않으면 사람은 진정한 의미에서 단련되지 않습니다.

여러분은 오늘부터 직장에서 일하게 되었는데요. 자신을 적절히 지켜 주고 지도해 주는 주임을 만나도 좋고, 혹은 매우 엄격하고 어려운 주임을 만나더라도 상관없다는 강한 신념이 없다면 진정한 의미에서 도움이 되는 사람은 되지 못할 것입니다.

32

'사회인'의 의미를 이해한다

사회인이라면 자신의 직업을 통해
사회에 봉사한다고 생각해야 합니다. 회사원으로서,
아니 그 이상으로 자신은 '사원'이라는
직업의 사장이라는 기개를 품고
사회에 봉사하십시오.

여러분은 마쓰시타 전기에 들어와 사원으로 첫발을 내디뎠습니다. 사원으로서 내디딘 첫발인 동시에 사회인으로서 첫발을 내디딘 것입니다. 스스로 독립해 무엇인가를 하는 것 또한 사회에 대한 하나의 봉사입니다. 우리는 사회의 봉사를 받으며 살고 있으므로 자신의 분야에서 사회에 봉사하는 것은 당연합니다. 하지만 모두가 독립한 형태로 일할 수는 없으니 기업이나 사업, 혹은 국가 등에서 일거리를 찾고 그곳에서 일을 합니다. 완전한 독립의 형태는 아니지만 그 회사를 통해, 그 직업을 통해 독립된 사람으로서 사회봉사를 시작하는 것입니다. 저는 이것이 매우 중요하다고 생각합니다.

　　여러분은 회사의 사원인 동시에 사회인입니다. 여러분이 하는 일은 회사를 통해 사회에 봉사하기 위한 것입니다. 이와 동시에 다른 회사에 들어간 사람은 직업을 통해, 그 회사를 통해 우리에게 봉사해 줍니다. 봉사와 봉사의 교환인 것이죠. 이를 통해 경제와 사회가 발전하며 인간은 점점 행복해질 수 있습니다.

그러므로 하나의 직업을 가지고 세상에 서는 것, 사원이라면 한 사람의 사원으로서 세상에 선다는 것은 본질적으로는 독립한 것과 마찬가지입니다. 여러분, 자신을 사원이라는 이름의 회사의 사장이라고 생각하십시오. '나는 사장이다, 사원이라는 직업의 사장이다.'라고 생각하십시오. 저도 마찬가지입니다. 그런 기개를 품고 세상을 바라보면 참으로 유쾌합니다.

물론 그런 기개를 계속 유지할 수 있는 사람은 매우 적습니다. 대부분은 어느새 속칭 사원 기질, 월급쟁이 기질이 되어 버립니다. 그리고 자기는 고용된 처지라고 생각하고 맙니다. 고용되었다는 말을 넓은 의미로 해석하면 이 마쓰시타 전기도 세상으로부터 단체로서 고용된 셈입니다.

"마쓰시타, 자네 이런 것을 만들게."

"네, 알겠습니다."

이런 식으로 3만 5,000명이 사회에 고용된 것입니다. 여러분도 이와 마찬가지로 "자네, 이런 걸 하면 어떻겠나? 이렇게 해 보게." 라는 말을 들으면 "네, 알겠습니다."라고 대답합니다. 하지만 이것은 고용된 것이 아닙니다. 그와 같은 하나의 직업 세계에서 사는 것이며, 독립 자영 직업입니다. 이렇게 해석한다면 마음이 매우 넓어질 것입니다. 그리고 이는 사실이기도 합니다. 본질은 이와 같습니다.

33

용기 있게
'잠자리를 습격할' 수 있는가

물건을 팔거나 권하러 갈 때,

그 물건을 통해 기쁨과 행복을 전할 수 있다고 생각해 보세요.

나아가 세상의 작은 발전에도 기여한다고 믿는다면,

더 큰 용기를 가지고 나아갈 수 있을 것입니다.

또한 일도 재미있어질 테지요.

어떤 회사 사람이 아침 7시에 우리 집을 찾아왔습니다. 문 열기를 기다리고 있었던 것입니다.

　　"무슨 일인가?"

　　"저 그게… 평소 회사에서 뵐 수가 없어서 이렇게 큰 실례를 저지르게 되었습니다만, 꼭 뵙고 싶었습니다."

　　"참 대단한 친구군. 그래, 용건이 뭔가?"

　　"실은 저희 회사의 이걸 권해 드리고 싶어서 왔습니다."

　　"이른 아침부터 일이라니, 자네 참 고생이 많군."

　　"아닙니다, 고생이라니요. 전 재미있습니다. 오늘은 사장님을 뵐 수 있다는 기대에 즐거운 마음으로 왔습니다. 제 가슴속은 벌써 희망으로 가득합니다."

사실인지는 알 수 없지만 그렇게 말했습니다. 이렇게 되면 "그런가? 잠시 올라오게."라고 할 수밖에 없습니다. 결국, 성공한 것입니다.

지금 이 회사에서는 그렇게 아침 일찍 가서 영업하라는 경우는 거의 없을 것입니다. 하지만 개중에는 그렇게 하는 사람도 있겠지요. 도저히 만나기 어려운 사람이라면 잠자리를 습격하는 것입니다. 그 정도는 해야 합니다.

실제로 그 정도로 하면 그 사람을 찾아가는 것이 즐거워집니다. '아침 일찍 찾아가면 싫어하겠지.'라는 짐작으로 망설이면 찾아가기가 너무나 괴로워지며 발걸음도 떨어지지 않습니다. 이래서는 성공할 수가 없습니다. 이는 나쁜 짓을 하는 것이 아닙니다. "이 물건을 사용하면 당신에게 이익이 됩니다."라고 말하러 가는 것일 뿐입니다. 그 사람 대신 사모님을 만나더라도 다음과 같이 권유합니다.

"사모님, 이거 한번 써 보시지요."

"너무 비싼데요."

"좀 비싸지만, 가격 이상을 합니다. 한번 써 보십시오. 아이스크림을 만들 수 있답니다. 시중에서 파는 아이스크림보다 훨씬 맛있지요. 사장님께서도 좋아하실 겁니다."

"그럴까요?"

이처럼 열정적으로 아이스크림 기계를 구입하라고 권하는 겁니다. 그러면 마음이 움직인 사모님은 아이스크림 기계를 사들여 아이스크림을 만들겠지요. 집으로 돌아온 남편이 말합니다.

"아아, 덥군. 아이스크림 하나만 주겠어? 집에서 만든 거라 그런지 이거 참 맛있단 말이야."

이렇게 행복한 분위기가 만들어집니다.

우리는 누군가에게 기쁨을 주고자 존재합니다. 아이스크림 기계를 만드는 사람은 아이스크림에 대해서만 생각하면 그것으로 충분할지도 모릅니다. 하지만 이 기계를 추천한다면, 사모님은 어떤 표정을 지으실까? 퇴근한 남편은 얼마나 기뻐할까? 사소한 일로 다투던 부부 사이도 조금은 더 부드러워지지 않을까?'라고 상상하면 기쁜 마음으로 상품을 권하러 갈 것입니다. 그러면 그 제품을 팔 수 있습니다. 제품이 팔리면 자신에게도 이익이 돌아오고 회사에도 이익이 됩니다. 그렇지 않습니까?

이런 식으로 생각해야 합니다. 그러면 상품을 권하러 가는 것이 괴롭지 않습니다. 용기 있게 갈 수 있습니다. 좋은 상품을 제공한다, 기쁨을 제공한다, 행복을 제공한다, 이를 통해 세상이 발전한다. 이렇게 생각해야 합니다.

34

모든 사람을
'단골손님'으로 여긴다

길을 지나는 모든 행인이 우리의 단골손님이고,

물건을 구입하는 이들도 모두 단골손님이라고 생각해 보세요.

그렇게 마음을 가지면,

자연스럽게 고개를 숙이며 "항상 이용해 주셔서 감사합니다."

라는 인사를 드리고 싶어지지 않을까요?

마쓰시타 전기는 다양한 사업장에서 지속적으로 새로운 설비를 건설해야 합니다. 이로 인해 앞으로도 건설업과의 협력은 더욱 확대될 것입니다. 그래서 여러분께 부탁합니다. 마쓰시타 전기의 제품 중에는 건설과 관련된 물품이 많으며, 따라서 마쓰시타 전기가 건축 회사에 주문을 넣는 금액보다 건축 회사가 본업과 관련해 우리 회사의 제품을 사용하는 금액이 더 많다는 사실을 분명히 인식해 주시기 바랍니다. 즉 우리가 구입처라고 생각하는 곳이 사실은 우리의 단골손님인 셈입니다. 우리가 건축을 의뢰한 건축 회사가 '마쓰시타 전기의 건물을 짓고 있으니 마쓰시타 전기의 제품을 사용하자.'라고 생각해 제품 일부를 마쓰시타 전기의 것으로 바꾼다면 우리의 상품은 그런 방면에서 더욱 많이 팔릴 것입니다.

문제는 건축 관련 부서에서 중요한 일을 하는 사람이 그렇게 생각하느냐입니다. 어떤 건축 회사에서 "과장님, 이번 건축을 맡겨 주셔서 감사합니다."라고 인사를 왔을 때 건축 관련 부서 사람이 "그럼 수고해 주십시오." 정도의 말만 한다면 그 회사에 마쓰시타 전기의 제품을 더 많이 팔 수 있는 기회를 놓치게 됩니다. 이 점을 떠올려 주시기 바랍니다.

여러분은 그 회사로부터 재료를 구입하는 일을 하는 동시에 상대 회사에 그 이상의 제품을 판매하는 회사의 사원이기도 합니다. 그런 생각을 염두에 두고 그 건축 회사를 소중히 대해야 합니다. "귀사는 건축을 많이 하고 계시니까 저희 회사 제품도 가끔은 사용해 주시면 감사하겠습니다."라는 겸허한 태도로 그 건축 회사를 상대하느냐가 중요합니다.

오늘 이 자리에도 건축과 관련된 부분을 담당하는 과장님들이 많이 계실 텐데, 사실 이 말씀을 꼭 드리고 싶습니다. 그들이 우리 회사의 제품을 사용해 주기 때문에 이 공장도 가동이 되는 것입니다. 그런 사실을 몰라서는 과장으로 일할 자격이 없는 법입니다.

　건축 회사 사람이 "과장님, 과장님." 하면서 건축 발주를 따내려 합니다. 여러 가지 겸손한 말도 들을 것입니다. 이것을 인연으로 삼아 이쪽도 겸손한 태도로 상대방에게 만족을 주면 "마쓰시타 전기는 참 놀라운 곳입니다, 우리 같은 건축 회사도 중요한 단골 거래처처럼 대해 줬습니다, 사장님 이번 건축에는 마쓰시타 전기의 제품을 쓰면 어떻겠습니까?"와 같이 될 수도 있을 것입니다. 실제로 이것이 자연스러운 사람의 마음입니다. 그런데 반대의 태도로 대한다면 "뭐가 그렇게 잘난 거야? 이쪽에서 머리를 숙였는데도 그렇게 거들먹거리다니, 다음부터는 다른 회사 제품을 써야겠어."라고 해도 우리는 할 말이 없습니다.

　여러분도 잘 알듯이 이 세상 구석구석에 이르기까지 거의 모든 사람이 마쓰시타 전기의 제품을 구매하고 있습니다. 또 곳곳에서 어떤 형태로든 마쓰시타의 제품이 사용되고 있습니다. 그러므로 따지고 보면 길을 가는 행인들도 사실 전부 단골손님입니다. 모두 우리가 만든 제품을 사용해 주니까요. 안면이 없으니 말은 걸지는 않지만 만약 아는 사람이라면 "매번 저희 회사의 제품을 사용해 주셔서 감사합니다."라고 고개를 숙여야 합니다. 모두 그런 사람들입니다.

저도 구입처로부터 불만의 소리를 이따금 듣습니다. 참 이상한 일입니다. 구입처로부터 기쁨의 소리를, 감사의 소리를 듣는 것이 기본 상식입니다. 그런데 불만의 소리가 들린다는 것은 재료를 구매하면서 성의를 다하지 않았거나 재료 구매만큼 중요한 일은 없다는 생각을 철저히 하지 않았기 때문이 아닐까 싶습니다. 이것은 한 번 더 곰곰이 고민해 봐야 할 일입니다.

35

자신의 회사를
선전하고 있는가

일을 할 때는 '무엇을 할까'보다
'어떻게 기여할까'를 생각해야 합니다.
그 마음가짐이 인생을 의미 있게 만들고,
자신의 일에 사명감과 자부심을 갖게 합니다.

마쓰시타 전기의 사원이 되어 회사에 적을 둔 이상, 여러분은 마쓰시타 전기와 떼려야 뗄 수 없는 운명입니다. 여러분의 행복은 마쓰시타 전기의 행복이며 마쓰시타 전기의 행복은 여러분의 행복입니다. 그러므로 지금까지 다른 회사의 제품을 사용했더라도 이제 사원이 된 이상은 우리 회사의 제품을 사용해야 합니다. 여러분에 관한 한 저는 그렇게 생각합니다.

아마도 여러분에게는 친척이 있으며 친구도 많을 테지요. 마쓰시타 전기의 사원이 되었으므로 "마쓰시타의 제품은 이런 거야, 모두가 열심히 만든 아주 좋은 제품이야, 다음에 사야 할 일이 있으면 내셔널※ 걸 한번 써 봐."라고 말할 수 있어야 합니다. 이런 권유를 기꺼이 할 수 있다면 사원으로서 성공을 향한 첫발을 뗀 것입니다. 여러분에게 이 정도는 이미 기본이라고 생각하는데, 어떻습니까?

마쓰시타 전기의 발령을 받자마자 '사람들에게 내셔널을 선전해야겠구나.'라는 생각을 한 사람이 몇 명이나 있었을까요? 저는 모두가 그런 생각을 하지는 않았으리라 봅니다. 하지만 열정을 품고 마쓰시타 전기에 들어온 이상, 마쓰시타 전기에서 어떤 업무를 하는지는 어느 정도 알고 있을 것입니다. 그렇다면 마쓰시타 전기의 일을 세상에 널리 알리자, 그것이 회사의 사명이며 이를 통해 많은 사람에게 기쁨을 줄 수 있다, 이것은 진정으로 성스러운 일이다. 이렇게 생각하시기 바랍니다. 신부가 신학교를 졸업하고 단상에 서서 가톨릭 교리를 전파하는 것과 조금도 다르지 않습니다. 여러분은 그 신부와 같습니다.

마쓰시타 전기는 종교가 아니니 단상에 서서 교리를 전파할 필요는 없습니다. 하지만 마쓰시타 전기가 만든 상품은 마쓰시타 전기에서 일하는 3만 5,000명이 심혈을 기울여 만든 것입니다.

그 구성원이 된 이상 여러분의 부모님과 친구, 친척에게 "마쓰시타 전기의 제품은 가정을 윤택하게 만들어 줍니다. 제품을 구입하신다면 꼭 마쓰시타 전기를 선택해 주세요."라고 권할 수 있어야 합니다.

발령을 받았을 때 그런 생각을 했느냐가 중요합니다. 그런데 과연 몇 명이나 그런 생각을 했을까요. 저는 분명히 몇 명은 생각했을 것이라고 믿습니다. 하지만 대부분 그런 것을 깨닫지 못하고 '발령을 받았으니 이제 사원이 되었구나.'에서 그칩니다. 하지만 그것만으로는 부족합니다.

제가 이런 말을 했다고 해서 꼭 부담스럽게 받아들이실 필요는 없습니다. 다만 적어도 진지하게 일하려 할 때, 아니면 새로이 실업인으로서 첫발을 내디딜 때, '나는 무엇을 해야 할까?' 정도는 생각하시기 바랍니다.

지금부터라도 늦지 않았으니 그런 마음가짐으로 일에 몰두한다면 여러분과 같은 우수한 인재를 새로 맞이한 마쓰시타 전기는 더욱 강해질 것이며, 사명으로 삼고 있는 부문의 생산 사업도 크게 발전할 것입니다. 그리고 사회를 지금보다 더 낫게 만들고 사람들을 기쁘게 하며, 스스로도 그 안에서 기쁨을 느끼는 의미 있는 인생을 걷게 되지 않을까 합니다.

마음속에 무한함과 풍요로움을 가진다는 것은 그런 데서 생겨나는 하나의 모습입니다. 그런 패기가 없다는 것은 아쉬운 일입니다. 아쉬울 뿐만 아니라 불쌍한 일이지요. 가진 것은 하나도 없지만, 마음에는 엄청난 보물이 있다, 높은 이상을 품고 있다, 만인의 생활에 즐거움을 주자는 열정이 있다는 패기를 가지고 첫발을 내디딘다면 마쓰시타 전기는 서로 다른 사람들이 조화를 이루며 일하는 믿음직한 회사가 되리라고 저는 믿습니다. 단순히 마쓰시타 전기가 발전할 뿐만 아니라 선인善因이라고 할까, 좋은 결과를 일반 사람들에게 가져다주게 될 것입니다.

예로부터 걸출한 인물이 한 사람만 나와도, 그 나라는 크게 번영한다고 했습니다. 이와 마찬가지로, 걸출한 회사 하나만 있어도 그 사회는 발전하고, 또한 훌륭한 인재 한 사람이 나타나면 그 회사 역시 성장하게 됩니다. 그런 역할을 서로가 크든 작든 담당하고 있다고 자부하시고, 부디 마쓰시타 전기의 사원으로서 공부를 게을리하지 않도록, 또 정신적으로 성장하도록 흥미와 주의를 기울여 주시기 바랍니다.

※마쓰시타 전기 산업(당시)의 브랜드 중 하나. 2008년 10월 1일에 브랜드명이 '파나소닉'으로 통일되었다.

36

존경과 감탄을 이끌어낼
생각과 기량을 키운다

우격다짐으로 가격을 깎는 것이 아니라
심한 듯해도 이치에 맞는 말로 가격을 낮추면
감탄과 존경을 받을 수 있습니다.
이러한 기량은 죽을 때까지 살아 있지요.

우리가 장사를 할 때, 가격을 깎으면서도 신뢰받는 경우가 있습니다. 1엔짜리를 1엔 5전에 사서 상대에게 이익을 안겨 줘도 교섭 방식이 서툴면 바보 취급을 당합니다. '물렁한 사람'이라며 비웃음거리가 되는 것입니다. 반면, 1엔짜리를 95전으로 깎는다 해도 교섭 방식이 능숙하면 '저 사람이 하는 말을 들으면 왠지 설득이 돼서 우리 생각도 달라진단 말이야, 가격이 깎인 건 타격이지만 좋은 공부를 했어.'라는 생각에 기쁜 마음으로 돌아갑니다. 그리고 '아주 똑똑한 사람이구나.'라며 존경받기도 합니다.

단순히 우격다짐으로 가격을 깎는다면 '저 친구 바보군.'이 되지만, 이치에 맞는 말로 "이러이러하니까 이렇게 해 주시오."라고 교섭하면 점점 '저 사람 말이 맞아, 좀 심한 사람이기는 하지만 참 대단해.'라는 생각과 함께 존경하며 돌아갑니다. 그런 생각을 들게 하느냐, 그러지 못하냐는 중요한 차이입니다. 실제로 그런 생각을 들게 하지 못하는 회사는 성공하지 못합니다.

저는 장사를 시작했을 때 제가 직접 재료를 구매했습니다. 그때 비싸게 사서 바보 취급을 당하는 쪽이었을 것 같습니까, 아니면 값을 싸게 깎아서 저렴하게 구매해 다소라도 감탄을 받는 쪽이었을 것 같습니까? 만약 제가 비싼 값에 사서 바보 취급당하는 쪽이었다면 회사가 이렇게 성장하지는 못했을 것입니다. 싸게 사서 감탄을 자아낼 때가 많았던 덕분에 성공할 수 있었다고 믿습니다.

판매상에서 "너무 심한 요구를 하는군."이라고 말하는 사람이 있었을지도 모르지만, 저는 그렇게 억지는 부리지 않았습니다. 이치에 맞는 말만 했습니다. 다만, 이치에 맞는 일을 실행하느냐 실행하지 않느냐가 문제라고 보고 "이 말이 이치에 맞다고 생각되신다면 실행해 주십시오. 제 말이 틀리지 않았다면, 그대로 따라 주시기 바랍니다. 그렇지 않고 작은 이익에 집착해 상품을 비싸게 파는 일은, 사회인으로서 결코 용납될 수 없습니다."라고 말해 왔습니다. 그 덕분에 거래처들과는 대체로 좋은 관계를 유지하고 있습니다. 다른 곳과 비교하면 좋은 관계입니다.

여러분도 요령을 제대로 익혀, 더 저렴한 가격에 물건을 구입하면서도 존경받는 사고방식과 기량을 갖춰야 합니다. 한 번 몸에 밴 사고방식이나 기량은 평생 여러분과 함께하며 사라지지 않습니다. 그것은 여러분이 죽을 때까지 살아 숨 쉬는 자산이 될 것입니다.

그것을 지금 여러분이 이 귀중한 일을 하고 있을 때 터득해야합니다. 여러분은 회사를 좌우하는 매우 중요한 일을 하고 있습니다. 여러분의 능력으로 회사를 번영시키느냐 그러지 못하느냐의 열쇠를 쥔 중요한 일을 하고 있으니 열심히 공부하시기 바랍니다.

37

재능 있는 사람을
질투하고만 있지는 않은가

뛰어난 사람이 존재함으로써 그룹 전체가
견인되고 향상되고 행복해질 수 있습니다.
재능 있는 사람에게 그에 걸맞은 역할을 맡기는 것이
전체적으로 플러스가 됨을 명심하도록 합시다.

저희도 다양한 일을 해 오며 때로는 실패에 좌절하고 괴로움을 겪은 적도 있었고, 반대로 기쁨에 벅차거나 자만했던 순간도 있었습니다. 이러한 경험을 바탕으로 말씀드립니다.

어느 조직이든 100명의 구성원이 있다면 그중 한두 명은 특별히 현명하고 업무 능력도 뛰어나 큰 기여를 하는 경우가 있습니다. 때로는 서너 명일 수도 있습니다. 그런 인재들은 저마다의 역량을 발휘하며 자연스럽게 인정받고 성장해 나갑니다. 그리고 바로 그런 존재가 있기에 전체 그룹도 함께 성장의 흐름에 올라타고 더 큰 행복을 누릴 수 있는 것입니다.

이것은 제 경험에서 얻은 결론입니다. 여기 열 명이 있습니다. 그 열 명 중에서 아주 뛰어난 사람이 한 명 나옵니다. 그러면 그

그룹의 나머지 사람들은 그 사람을 통해 견인되고 향상되어 갑니다. 이것은 당연한 일이며 또 그렇게 생각해야 하는데, 이런 것이 실제 문제로서 중요합니다.

제가 이런 말씀을 드리는 이유는 저희와 인연이 있었던 한 중견기업의 사례를 소개하고 싶어서입니다. 그 회사는 당시 특별히 눈에 띄는 경영 성과를 내고 있지는 않았습니다. 그런데 신입사원으로 열 명이 입사했고, 그중 두 명은 탁월한 역량을 지닌 인재였습니다. 다행히도 회사의 사장은 그들의 뛰어남을 한눈에 알아보고 과감히 발탁했습니다. 회사에는 경력이 오래된 직원들이 많았지만, 이른바 '신지식인'이라 부를 만한 인물은 드물었습니다. 풍부한 경험은 있었지만, 최신의 지식과 관점을 지닌 사람은 거의 없었던 겁니다. 그런데 그 두 인재는 시대의 흐름을 읽는 감각과 새로운 지식을 갖춘 신지식인이었습니다. 사장은 그 점을 높이 평가해, 비록 경력은 짧았지만 그들에게 과감히 기회를 주고 우대했습니다.

그런 일이 일어나면 회사나 단체에서는 조금 골치 아픈 문제가 발생합니다. 무슨 문제일까요? 다름 아닌 '뭐야? 왜 저 친구만 좋은 대우를 받는 거지? 마음에 안 들어.'라는 분위기가 만들어지는 것입니다. 그런데 그 사장의 처신이 좋았다고 해야 할지, 평소에 대화가 잘되었다고 해야 할지, 그런 문제 없이 두 사람은 중용되었습니다.

그러자 3년 사이에 회사가 완전히 달라졌습니다. 그런 사례를 통해 한 사람의 인재가 얼마나 중요한지, 또 그런 사람이 나옴으로써 그 기업 전체의 사람들이 얼마나 혜택을 입는지를 뼈저리게 실감했습니다. 이것은 모두 같이 고민해 봐야 하는 중요한 문제입니다.

규모가 큰 직장이든 작은 직장이든 마찬가지일 것입니다. 뛰어난 인재 한 사람이 나옴으로써 모두가 행복해집니다. 이는 단순한 조직 운영의 차원을 넘어, 인간 사회에서 매우 본질적인 문제라고 생각합니다.

지금 일본에서도 제가 방금 말씀드린 내용이 어느 정도 상식처럼 받아들여지고는 있습니다. 하지만 그것이 긍정적인 방향이나 건설적인 흐름 속에서 논의되고 있는지는 의문입니다. 일본인을 비난하려는 의도는 전혀 없지만, 일반적으로 일본 사회에서는 이런 이야기에 쉽게 공감하기보다는 오히려 질투심을 느끼는 경향이 있는 듯합니다. 마음에 들어 하지 않고 불쾌해하는 분위기가 강합니다. 그것이 일본 사회와 기업, 국가 정세를 상당히 악화시키고 있다고 할 수 있지 않을까요.

이것은 사원에게만 중요한 마음가짐이 아닙니다. 재능이 있는 사람에게는 그에 어울리는 일을 시키자, 그러는 편이 나에게 플러스가 된다, 내가 하지 않아도 그가 하면 우리에게 플러스가 된다, 그러니까 그 사람을 돕자, 이러한 협력 정신이 우리 국민에게 좀 더 싹트거나 성장하지 않으면 일본의 발전은 불가능할 것 같습니다.

38

회사 업무를
개선할 기개를 가져라

한 명의 각성한 사람, 강한 열정이 있는 사람의 힘으로

인식이 달라지고 회사 전체가 바뀌며 개선될 때도 있습니다.

견식과 열정, 용기가 있다면 불가능한 일이 아닙니다.

성의를 담아 제언한다면 가능한 일입니다.

여러분은 구하라 후사노스케※라는 사람을 아십니까? 그분은 현재 90세 정도 되었지만 아직도 건강하게 활동하고 있습니다. 지금으로부터 7, 8년 전에 그분이 83세였을 때 자본가, 경영자, 정치가로서 러시아로 여행을 떠나 엄청난 환호를 받았습니다. 매우 활기가 넘치는 영감님이지요.

이분에 대한 이야기를 조금 들었는데요, 이분은 대학을 졸업하고 한 회사에 들어가 창고 담당자로 발령받았습니다. 입사하자마자 창고 담당이라니, 그리 대단한 지위는 아닙니다. 그런데 그분은 1년도 되지 않아 그 지점 창고 담당의 중심이 되어 지점의 경영을 바꿔 놓았다고 합니다. 어떻게 된 일인가 하면, 창고에 들어가 근무해 보니 쓸모없는 물품들이 너저분하게 쌓여 있었답니다. 그래서 "이건 문제가 있지 않습니까? 어떻게 된 일입니까?"라고 물어보니, "안 팔리니까 이렇게 놔두는 거야." 하는 것이었습니다. 그러자 그는 그것을 일일이 조사한 다음 지점장과 과장에게 "이렇게 내버려두면 아까우니 이렇게 하면 어떻겠습니까?"라고 제안해 1년 사이에 창고를 깨끗하게 정리했습니다.

그뿐만이 아닙니다. 창고를 정리하려면 쓸모없는 물품을 처분하거나 영업부를 통해 파는 등 여러 가지 수단을 동원해야 합니다. 그러면 영업부 사람들도 '이건 이런 식으로 처분해야 했구나.' 하고 깨닫습니다. 그렇게 해서 그 지점의 경영은 완전히 바뀌었습니다. 그는 대학을 졸업하고 1년 사이에 일개 창고 담당의 위치에 있으면서도 과장과 지점장을 움직여 지점의 경영을 완전히 바꿔 놓았습니다.

제가 들은 이야기에 다소 과장이 섞여 있을지도 모르지만, 저는 충분히 가능한 일이라고 생각합니다. 회사는 마땅히 해야 할 일을 제대로 수행하지 않고 있었고, 그것을 신입사원이 먼저 알아차렸습니다. 그는 성의를 담아 할 말을 하고 상사에게 건의하

도록 제안했습니다. 그 결과 창고 담당을 중심으로 그 지점 영업
부 전체가 눈을 뜬 것입니다.

한 사람의 힘이라는 것은 그만큼 효과적으로 작용합니다. 이른
바 각성한 사람이라고 할까, 강한 열정이 있는 사람이라고 할까,
그런 사람 한 명의 힘으로 전체가 달라지고 인식이 완전히 변합
니다.

요즘은 아무리 사장이 변화의 의지를 가져도, 쉽게 개선이 이
루어지지 않는 경우가 많습니다. 다양한 형태의 저항이 존재하기
때문입니다. 그러나 꼭 사장이나 전무처럼 리더십을 가진 위치에
있어야만 변화를 이끌 수 있는 것은 아닙니다. 때로는 한 명의 평
범한 말단 사원이 위에 있는 사람들을 일깨우고, 결국 회사의 경
영 방향을 바꾸는 일도 충분히 가능합니다.

하면 됩니다. 하지만 그렇게 하려면 견식과 열정, 용기가 필요
합니다. 많은 사람이 이 세 가지를 갖추지 못한 채 결국 주변과 비
슷한 상태에 머무르게 됩니다. 물론 그것이 일반적인 모습이기에

큰 문제가 되는 것은 아닐지도 모릅니다. 그러나 구하라 씨는 달랐습니다. 그는 평범한 흐름에 안주하지 않았고, 이후 정치인으로 전향하여 여러 분야를 넘나들며 영향력 있는 인물이 되었습니다. 세상에 완전무결한 사람은 없습니다. 그 또한 비판받을 부분이 없지는 않지만, 청년 사원으로서는 본받을 만한 점이 있다고 생각합니다.

※구하라 후사노스케久原 房之助(1869~1965) 실업가, 정치가. 1911년에 구하라 광업소를 설립해 성공을 거두고 각지의 광산을 사들였다. 1928년에 입헌정우회(전후 일본의 양대 정당 중 하나)에 들어가 체신부 장관과 입헌정우회 총재를 역임했다.

39

예의를 잃지 않으면서도
할 말은 한다

예의를 잃지 않고 상대방을 존중하며

성의를 담아 할 말을 하십시오.

이것이 가능한 회사야말로 항상 새롭고

활기에 찬 회사이며 바람직한 회사라고 할 수 있지 않을까요?

예의 없는 말투, 감정을 상하게 하는 말투는 누구나 삼가야 합니다. 하지만 그런 점을 충분히 배려하면서도 할 말은 하는 열정이라고 할까, 그런 의욕이 없다면 마쓰시타 전기는 망하고 말 것입니다.

여러분도 상사가 하는 말에 무조건 "네, 네." 하고 따라서는 안 됩니다. 상사는 신이 아닙니다. 장점도 있지만 결점도 어느 정도 있습니다. 경험이 있다고는 하지만 그만큼 시대에 뒤처지는 측면도 생깁니다. 여기에 여러분같이 젊고 새로운 지식이 있는 사람들이 가세해 "이것은 이렇게 개선하면 어떨까요?", "이건 이렇게 하는 편이 좋지 않을까요?"와 같이 할 말을 하는 것이 매우 중요합니다. 물론 예의를 잃지 않고 상대를 존중하는 마음과 성의를 담아서 말입니다.

이처럼 자유롭게 의견을 말할 수 있는 회사, 그런 목소리를 기꺼이 듣는 회사는 언제나 새롭고 활기가 넘칩니다. 서로에 대한 존중 속에서 편안하게 의견을 주고받을 수 있는 분위기야말로, 조직이 발전하고 건강하게 성장하는 데 꼭 필요한 조건이라 믿습니다.

40

프로로서
부끄럽지 않게 일하라

기술은 아직 부족한 면이 있을지도 모르지만,
프로로서 최선의 노력을 해야 합니다.
그 책임을 자각하지 못하고 태평하게 지내는 것은
용납되지 않습니다.

가령 여러분이 신발을 만든다고 가정해 보겠습니다. 신발을 사는 사람 중에 까다로운 사람이 있어서, 대충 만든 신발을 보고 "이런 걸 신으라는 거요? 좀 더 나은 신발은 못 만드시오?"라고 따집니다. 그러면 "아닙니다. 한번 만들어 보겠습니다."라고 정중히 답하고, 더욱 정성스럽게 만들다 보면 세련되고 발에 딱 맞는, 만족스러운 신발을 완성할 수 있게 됩니다. 그 결과 "저 가게 사람은 신발을 정말 잘 만들어."라는 소문이 퍼집니다. 이처럼 우리가 고객의 불만을 순순히 받아들이고 반성하며 노력을 계속할 때 비로소 우리는 설계든 디자인이든, 제조든 어떤 분야에서든 진정한 장인으로 성장하게 되는 것입니다.

그렇게 모인 힘은 회사를 단단히 세우고, 결국 세상의 신뢰를 얻는 기반이 된다고 저는 믿습니다. 여러분도 그렇게 믿으셔야 합니다. 그런 사고방식이 옳은지에 대해서는 여러 가지 의견이 있겠지만, 그런 사고방식을 가지지 않는 한은 프로로서 먹고 살 수 없다고 확신합니다. 이는 저 자신도 마찬가지입니다. '내가 회사 사장으로서 이 회사를 경영하는 이상 나는 경영자로서 프로다, 아마추어 경영자와는 다르다, 만약 아마추어 경영밖에 하지 못한다면 깔끔하게 물러나야 한다, 그러지 않으면 내가 열심히 일하는 것이 많은 사람에게 이익이 되지 않는다, 거래처와 사내에도 이익이 되지 않는다.' 저는 이따금 이렇게 생각합니다. 뭐, 결과적으로는 '그래도 당분간은 내가 경영할 수밖에 없지, 그래도 괜찮을 거야.'라고 생각하며 이렇게 이 자리를 차지하고 있기는 하지만 말입니다.

이것은 아마 여러분도 마찬가지일 것입니다. 여러분이 자신이 하고 있는 일을 숙달된 전문가로서 하고 있느냐가 중요합니다. 기술은 어떤 경우에는 아직 연마가 부족한 점도 있을 것입니다. 하지만 정신은 확고해야 합니다. '나는 아직 기술은 조금 부족하지만, 그래도 세상에서 전문가로 대우받고 있어. 그러니 부족하더라도 최선을 다하는 것이 내 책임이야.'라고 생각하고 있느냐가 중요합니다.

지금 당장은 미흡하더라도, 내일은 남에게 부끄럽지 않은 프로가 되겠다는 마음으로, 적어도 사흘 안에는, 더 나아가 3년 안에는 반드시 그런 사람이 되겠다는 각오로 실력을 쌓아야 합니다. 이러한 각오 없이 안일한 마음으로 전문가의 자리를 차지하는 것은, 그 직책에 대한 모독이며 결코 용납되어서는 안 됩니다.

우리가 하는 일들은 매우 영향력이 큽니다. 세상에 간판을 내걸고 물건을 파는 이상, 이것은 본업으로 존재합니다. 본업으로 존재하는 이상은 반드시 누군가가 그 물건을 삽니다. 아마추어가 조립한 라디오를 친구들은 사 줄지 모르지만, 일반인들은 거들떠보지도 않을 테지요. 그러니 한 달에 한 대, 혹은 반기에 한 대만 만들어도 충분합니다. 그러므로 영향력도 적습니다. 하지만 간판을 내걸고 장사를 하는 이상은 한 달에 한 대가 아니라 수백 대, 수만 대를 만들어야 합니다. 그러므로 물건을 잘못 만들면 그 영향은 매우 큽니다. 많은 사람에게 피해를 주는 것입니다. 다시 말해 프로의 위치에 있는 사람이 책임을 자각하지 않으면 사회에 큰 피해를 주게 됩니다. 이것은 용납되지 않는 일이므로 회사와 사원들은 이 점을 반드시 자각해야 할 것입니다.

만약 이것을 자각하지 못한다면 커다란 문제입니다. 그러므로 여러분도 이 점을 곰곰이 생각하고 자신이 지금 전문가로서 책임을 져야 하는 위치에 있음을 자각해야 합니다.

41

상사와 부하 직원을 효과적으로
활용하며 일하고 있는가

자주적인 정신만으로는 부족합니다.

상사를 잘 활용하고 부하 직원을 효과적으로 이용하십시오.

거래처나 적대시하는 사람의 지식조차도 받아들였을 때

진정한 성공을 거둘 수 있지 않을까요?

여러분은 무능한 사람이 아닙니다. 유능한 사람입니다. 다만 정신이나 지식을 사용하는 방법이 아직은 조금 부족한 면이 있을 테지요. 먼저 중요한 것은 자기 자신을 활용하는 방법이겠지만, 여러분의 부하 직원이나 상사를 활용하는 법 또한 중요합니다. 저는 이것이 매우 중요하다고 생각합니다.

여기 어떤 단체가 있다고 가정해 보겠습니다. 그 단체의 대장이 전지전능한 사람이라면 이야기는 여기에서 끝이겠지만 그런 사람은 있을 수 없습니다. 장점도 있는 반면에 단점도 있습니다. 그 대장에게는 참모가 세 사람 있습니다. 그 참모들이 대장의 단점을 하나씩 메워 준 덕에 그 단체가 승리를 거두는 때가 있습니다. 그러므로 윗사람을 어떻게 효과적으로 이용하느냐도 중요합니다. 자신의 생각을 윗사람에게 제안하고 그 제안을 받아들이게 한다, 그리고 그의 명령으로 그것을 수행토록 한다는 계산도 필요할 것입니다.

또한 아랫사람을 어떻게 활용하느냐도 중요합니다. 그저 명령을 내리고 그것을 따르게만 해서는 결코 아랫사람의 실력이 향상되지 않습니다. 나는 전지전능하지 않다. 오히려 부하 직원들 중에는 나보다 뛰어난 이들도 많다. 그렇기에 그들의 역량을 최대한 발휘할 수 있도록 이끌고, 적절히 활용할 방안을 모색해야 한다. 그 방법을 궁리해야 하는 것이죠.

세상을 둘러보면, 혼자 모든 것을 해내려는 독불장군식 리더 아래에서, 개인의 역량은 뛰어나지만 조직 전체가 성장하지 못하는 사례를 종종 볼 수 있습니다. 이는 앞서 말한 '어떻게 사람을 활용할 것인가'에 대한 궁리가 부족하기 때문입니다. 부하 직원들 중에 자신보다 더 뛰어난 사람이 있음에도 이를 인정하지 않고, 모든 결정을 자신이 내려야 한다고 생각하면, 결국 구성원은 성장할 기회를 잃고, 조직 전체의 역량 또한 제한될 수밖에 없습니다. 이것은 역시 윗사람의 궁리가 부족하기 때문입니다.

따라서 부하 직원 역시 상사를 효과적으로 활용할 수 있고, 마찬가지로 상사도 부하를 보다 능동적으로 활용할 수 있습니다. 이런 상호적인 '활용의 지혜'를 고민해 나갈 때, 하나의 조직은 비로소 생동감과 활기를 얻게 됩니다. 이는 기술적인 측면이든, 조직 운영의 다른 측면이든 마찬가지입니다. 결국 이것이 가능하냐, 불가능하냐에 따라 조직의 성공과 실패가 갈리게 됩니다.

어떤 일을 하든 자주적인 정신은 매우 소중하며 꼭 필요합니다. 그러나 자주적인 정신만으로 충분한가 하면, 결코 그렇지 않습니다. 그 자주적인 생각에 수많은 회사의 다양한 현상을 더해 판단할 수 있는 사람이 되어야 합니다. 다양한 의견을 받아들이는 것은 좋지만, 너무 지나치게 받아들인 나머지 동쪽으로 가라면 동쪽으로 가고, 남쪽으로 가라면 남쪽으로 간다면 이는 자주성이 없는 것입니다. 그래서는 안 됩니다. 그러므로 걸어갈 방향은 여러분이 정하지만, 그 방향으로 걸어가는 능률을 높이기 위해서는 다양한 지식을 받아들이며 살아야 합니다. 다양한 지식을 받아들이는 것은 만인을 받아들이는 것입니다.

물론 거래처도 그 대상입니다. 심지어는 자신과 대적하는 사람의 지식까지 받아들일 정도가 되어야 합니다. 그리고 여러분이 직접 생각한 끝에 동쪽으로 가야겠다고 결론을 내렸다면 동쪽으로 가야 합니다. 저는 그렇게 믿습니다. 그렇게 하지 못한다면 절대 성공할 수 없습니다. 다소의 성공은 가능할지 모르지만, 진정한 의미의 성공은 불가능할 것입니다.

마쓰시타 고노스케 《일과 성공의 길을 묻다》 참고 목록(게재순)

이 책은 PHP 연구소 경영이념연구본부에 소장된 3,000개에 이르는 마쓰시타 고노스케의 강연과 강화 테이프 속기록 중에서 현대를 살아가는 이들에게 참고가 될 만한 내용을 엄선해 제목과 요약문 등을 보충해 편집한 것이다. 강연 · 강화의 명칭과 일자(일부는 처음 게재된 호수)에는 아래에 명기했다.

Prologue

1장 인간으로서 성장하기 위해 알아야 할 것들

2장 인생에서 성공하기 위해 알아야 할 것들

3장 일에서 성공하기 위해 대답해야 할 것들